Marisa Pelella Mélega

Imagens Oníricas e Formas Poéticas

Um Estudo da Criatividade

Copyright@2014 Marisa Pelella Mélega.

Imagens oníricas e formas poéticas : um estudo da criatividade - Marisa Pelella Mélega. *2014*

Revisão
Celina Bianco

Projeto Gráfico, Capa
Leonardo Mathias | leonardomathia0.wix.com/leonardomathias

Dados Internacionais de Catalogação na Publicação (CIP)
Bibliotecária Juliana Farias Motta CRB7- 5880

M685i Mélega, Marisa Pelella.

Imagens oníricas e formas poéticas : um estudo da criatividade / Marisa Pelella Mélega. São Paulo: Editora Pasavento, 2014.

264 p. .; 16x23cm.

Inclui índice, glossário e referências

ISBN 978-85-68222-02-7

Originalmente apresentado como Tese
(Doutorado) - Universidade de São Paulo - USP.

1. Literatura. 2. Montale, Eugenio, 1896-1981 – Crítica e interpretação 3. Psicanálise na literatura. 4. Psicanálise e arte. I. Filho Junqueira, Luis Carlos, pref. I. Título. II. Um estudo da criatividade

CDD – 801.92

Índice para catálogo sistemático:

1. Literatura
2. Montale, Eugenio, 1896-1981 – Crítica e interpretação
3. Psicanálise na literatura
4. Psicanálise e arte

Todos os direitos desta edição reservados à:

Editora Pasavento
www.pasavento.com.br

Agradecimentos.

À Aurora F. Bernardini por suas sugestões a respeito do texto

À Giuseppina Baldissone por ter enriquecido meu horizonte Montaliano com seus livros e seus testemunhos

À Celina Bianco por sua revisão e digitação da bibliografia

Tese apresentada ao Programa de Pós-Graduação
em Teoria Literária e Literatura Comparada do Departamento
de Letras Clássicas e Vernáculos da Faculdade de Filosofia, Letras
e Ciências Humanas da Universidade de São Paulo,
para obtenção do título de Doutora em Letras (2004),
sob orientação do Prof. Dr. Homero Freitas de Andrade.

Publicado em maio de 2013 em italiano,
pela Aracne editrice, Roma.

Sumário

PREFÁCIO, 9
APRESENTAÇÃO, 15
INTRODUÇÃO, 17

PARTE I - LITERATURA E PSICÁNALISE, 24

CAPITULO I - O MUNDO MENTAL ATRAVÉS DA
LITERATURA E DA PSICANÁLISE, 25
The Tiger
Westminster Bridge
The Rime of the Ancient Mariner
Ode to Psyche
Il balcone (OC)

CAPITULO II - A CRIATIVIDADE VISTA PELA PSICANÁLISE, 71
Non recidere, forbice, quel volto (OC)
Due nel crepuscolo (B)

CAPITULO III - CRITICA LITERARIA
COM ENFOQUE PSICANALITICO, 91
La speranza di pure rivederti.
Post-scriptum

PARTE II - UM ESTUDO ACERCA DA CRIAÇÃO DAS FORMAS
POÉTICAS EM EUGENIO MONTALE, 114

CAPITULO IV - BUSCANDO AS ORIGENS DO IMPULSO CRIADOR
EM EUGENIO MONTALE, 115
- In Limine (OS)
- Ciò che di me sapeste (OS)
- Meriggiare pallido e assorto (OS)
- I Limoni (OS)
- Portami il girasole ch'io lo trapianti (OS)
- Corno Inglese (OS)
- Falsetto (OS)
- Quasi una Fantasia (OS)
- Non chiederci la parola che squadri da ogni lato (OS)
- Non rifugiarti nell'ombra (OS)
- Avrei voluto sentirmi scabro ed essenziale (Mediterraneo 7)
- Antico sono ubriacato dalla voce (Mediterraneo 2)(OS)
- Giunge a volte, repente (Mediterraneo 5)(OS)
- Potessi almeno costringere (Mediterraneo 8)(OS)
- L'agave su lo scoglio – Scirocco (OS)
- Flussi (OS)
- Riviere (OS)
- Arsenio(OS)

CAPITULO V - ENTRE FLASHES DE MEMÓRIA
E CRIAÇÃO DE VERSOS, 143
- Verso Vienna (OC)
- Voce giunta con le folaghe (B)
- A mia madre (B)
- Addii, fischi nel buio (OC)
- Fine dell'infanzia(OS)

CAPITULO VI - TEMPO-ESPAÇO NA POÉTICA MONTALIANA, 165

    L'agave su lo scoglio - Tramontana (OS)

    L'agave su lo scoglio – Maestrale (OS)

    Casa sul mare (OS)

    Forse un mattino andando (OS)

    Gli orecchini(B)

    Vasca (OS)

    Vento e Bandiere (OS)

    Crisalide (OS)

    Mia vita a te non chiedo (OS)

    Noi non sappiamo quale sortiremo(Mediterraneo 6) (OS)

    La casa dei Doganieri (OC)

    Ecco il segno: s'innerva (OC)

    Eastbourne (OC)

    Bagni di Lucca (OC)

    Il ramarro, se scocca (OC)

    Costa San Giorgio (OC)

    Il big bang dovette produrre(AV)

    La storia non si snoda (S)

    Tempo e Tempi (S)

    Tempo e Tempi II (AV)

CAPITULO VII - EROS EM MONTALE, 199

    Upupa, ilare uccello (OS)

    Egloga (OS)

    Dora Markus (OC)

    Incontro (OS)

    Punta del Mesco (OC)

    Tentava la vostra mano la tastiera (OS)

    Lo sai: debbo riperderti e non posso (Mottetti)(OC)

    Brina sui vetri (Mottetti)(OC)

    Sotto la pioggia (OC)

Perchè tardi (OC)
Non recidere, forbice, quel volto
L'orto (B)
Quel che resta
Xênia II, 5

CAPITULO VIII - EVOLUÇÃO DO MODELO DE MENTE, 227
NA POÉTICA DE MONTALE
Il balcone (OC) - (O balcão)
Il Tu (S) - (O tu)
Vento sulla mezzaluna (B)
Quando il mio nome (AV)
Barche sulla Marna (OC)
Il sogno del prigioniero(B)

ÍNDICE ALFABÉTICO DOS POEMAS DE MONTALE, 245
ABREVIAÇÕES USADAS, 248
GLOSSÁRIO DE TERMOS PSICANALÍTICOS (GL), 249
BIBLIOGRAFIA, 255

Prefácio

Há certas personalidades que nos ungem de qualidades que nós desconhecemos, mas que elas intuem possam lhes ser úteis. Creio ter sido o que aconteceu com minha colega e amiga Marisa Pelella Mélega, quando lhe ocorreu convidar-me para prefaciar seu livro "Imagens Oníricas e Formas Poéticas – Um estudo da criatividade". Ungido por esta distinção, eu não só mergulhei na leitura deste seu texto, originalmente apresentado como Tese de Doutorado no Programa de Pós-Graduação em Teoria Literária e Literatura Comparada da F.F.L.C.H. da USP, mas também esquadrinhei o ponto de partida de sua jornada, o livro "Eugênio Montale: Criatividade Poética e Psicanálise", sua tese de Mestrado, apresentada no mesmo Programa.

Ao justificar sua escolha pela poesia de Montale como matéria prima da criatividade, ela assinala que encontramos ali a erupção de "estados de mente poéticos", ou seja, de um cadinho onde a vivência emocional do poeta vai encontrando formas que lhe transmitem tranquilidade. Eugênio Montale (1896-1981), agraciado com o Prêmio Nobel de Literatura em 1975, considerava-se um seguidor de Zoroastro, no sentido de acreditar que o fundamento da vida apoiava-se na luta contínua entre as forças do Bem e do Mal. Para aqueles que o consideravam pessimista, ele indagava: "Naquele que pensa que o Homem é o Deus de si mesmo e merecedor de um futuro triunfante, será que não devemos encontrar um poço coalhado de ignorância e vil egoísmo?" Ele mesmo, na esteira de Dante, considerava-se um combatente realista a favor do Bem, mesmo quando se via obrigado a exaltar "les fleurs du mal" como o próprio gênio florentino fizera com ardor.

No recôndito de sua humildade, mesmo reconhecendo a qualidade insuperável da poesia de Dante, Montale não se intimidou em ser um simples artesão da língua italiana, procurando diuturnamente aprimorar sua expressividade, nem que fosse através da inspiração direta do autor da Divina Comédia. Assim, por exemplo, em sua poesia *Avrei Voluto Sentirme Scabro ed Essenziale* (Queria Ter-me Sentido Áspero e Essencial) encontramos uma referência direta às "rimas ásperas e roucas" invocadas por Dante na abertura do Canto XXXII do Inferno e, associadas pelos críticos com o esforço hercúleo do poeta de tentar superar o caráter inefável dos estados de alma. Ou então, quando no poema *Potessi Almeno Constringere* (Pudesse Ao Menos Imprimir) Montale refere-se a "Il mio balbo parlare" (meu balbucio), escutamos os ecos de Dante queixando-se, no mesmo Canto, quão impossível é a tarefa de quem pretende descrever a fundo todo o Universo, dispondo para tanto "da língua che chiami mamma o babbo": a linguagem poética fica reduzida, diante da tarefa ciclópica, ao mero gaguejar de um bebê clamando por seus pais.

Mas, talvez o exemplo mais candente desta influência seja encontrado no poema "Chega às vezes de repente/uma hora que teu coração desumano/nos assombra e do nosso se divide", onde os críticos vislumbram a descrição do esforço "transumano" do coração para harmonizar-se com os ritmos da natureza. Ora, o neologismo "transumano" é uma fantástica "molécula de criatividade" utilizada por Dante para descrever a extraordinária epifania que o acometeu ao ascender ao Paraíso.

Marisa extraiu de seu background psicanalítico o princípio fascinante de que as leis da dicção poética e da construção dos sonhos emanam das mesmas fontes inconscientes, levando-a, então, a tecer uma rede que articulasse as ideias freudianas e meltzerianas a respeito da vida onírica, com as ideias kleinianas a respeito da fantasia inconsciente, com as teorias de Bion que explicitam o papel da ideogramaticização como base do pensamento e, finalmente, com as origens literárias do modelo psicanalítico de mente construído por Meg Harris Williams e Margot Waddell.

Para aguçar o apetite do leitor, creio que seria útil introduzi-lo a uma conjectura de Marisa, a de que Montale teria reunido um "vocabulário de formas simbólicas" como forma de conter e/ou dar expressividade às suas experiências emocionais. Ao longo do livro, ela vai fazendo um minucioso trabalho de rastrear as possíveis origens emocionais destas formas simbólicas que vão desfilando por um grande número de poemas, traduzidos por ela com rara sensibilidade.

Tomarei agora a liberdade de expor uma leitura pessoal de algumas destas formas simbólicas, tomadas tão somente por seu valor estético, e sem qualquer preocupação em tentar repetir o exercício de arqueologia genética empreendido por Marisa.

Assim, quando o poeta tenta descrever seu "devaneio meridiano" naquele espaço onírico circundado pelo muro do horto (Meriggiare pallido e assorto, 1926) e nos descreve a vida como uma "muralha encimada por cacos de vidro", somos não só impactados por esta bela forma simbólica, mas também, tomados de surpresa ao nos lembrar de que esta imagem foi representada com maestria numa das famosas *assemblages* de Arthur Bispo do Rosário.

Imagens Oníricas e Formas Poéticas
Um Estudo da Criatividade

Ou então, quando o poeta clama aos "deuses mediterrâneos" que lhe tragam "o girassol enlouquecido de luz" (Portami il girasole ch'io lo trapianti, 1923), de novo detectamos a presença desta invariante simbólica nos amarelos alucinados dos campos de girassóis pintados por Van Gogh.

Ainda, ao expressar as ressonâncias poéticas da parceria em Xenia II, vislumbramos ecos daquela visão psicanalítica que cristaliza o conhecimento emocional:

> Desci milhões de escadas te
> dando o braço
> não porque quatro olhos
> enxergam mais.
> Desci contigo pois sabia que
> de nós dois
> as únicas pupilas verdadeiras, embora
> tão ofuscadas, eram as tuas.

Este interjogo de visões foi bem descrito por Wilfred Bion, uma das referências psicanalíticas importantes de Marisa, quando nos alertou para os perigos da visão monocular (com sua carga de preconceito moral) e para as vantagens da visão pluriocular (com sua virtude de investigação ética). Dar o braço para quem enxerga mais é uma bela forma simbólica de expressar a conjunção do desamparo com esperança...

Nós psicanalistas, como os poetas, sofremos com aquilo que T.S. Eliot chamou de "pecado natural de palavra" e, por isso, também tentamos nos socorrer de um arsenal de manifestações pré-verbais como gestos, mímicas, ritmos, pausas e entoações. Foi isto que Bion tentou fazer em, sua trilogia *Uma Memória do Futuro*, através de uma linguagem performática; é isto que Marisa está fazendo quando nos descreve como uma figura fantasmática da infância de Montale, a "Mulher Barbuda", aciona instâncias substantivas de seu Eu para produzir ideogramas:

> A velha serva analfabeta
> e barbuda, onde estará enterrada
> podia ler meu nome e o dela
> como ideogramas.

Luiz Carlos Junqueira Filho

Apresentação

Este livro é o resultado de minha tese de doutorado, e estuda a criação poética, um aspecto da interface de Psicanálise e Literatura. Para tal, se serve da critica literária com enfoque psicanalítico usando o modelo de mente de W. Bion (1898-1979) e D. Meltzer (1922-2004) dois psicanalistas que contribuíram com novas conceituações, a partir da tradição de Sigmund Freud e Melanie Klein.

Por utilizar essas referências este estudo se distancia do que se conhece de psicocrítica desde Freud. Mas se aproxima dos processos oníricos da mente, nos quais as imagens que surgem, fruto da atividade simbólica do indivíduo, adquirem novas formas na criação artística. Tendo isso em vista, empreendi a tradução de cerca de setenta e oito poemas, a maioria deles do poeta Eugenio Montale, tradução esta que procurou manter exatamente o conteúdo de cada poema para não desvirtuar o meu objetivo final: mostrar a criação do verso do poeta.

Marisa Pelella Mélega

INTRODUÇÃO

"O fenômeno" do trabalho do ser humano que resulta em criações artísticas foi estudado ao longo dos séculos até chegar, atualmente, a uma das interpretações que adotaremos nesse estudo.

A criatividade, admirada, mas também provocadora de espanto, já foi atribuída à loucura, ao destino, ao acaso, à providencia divina. Durante séculos achou-se que o homem, sendo um animal racional, pensava segundo as leis da lógica. O homem poderia apenas descobrir, não criar.

Com a *Interpretação dos Sonhos* (1900), Sigmund Freud descreve alguns mecanismos pelos quais o sonho acontece e abre caminho para investigar a criatividade. A descoberta do inconsciente estabeleceu ligação entre o normal e o patológico, o homem civilizado e o primitivo, o individuo e a espécie.

A criatividade passou a ser vista como uma função da mente e a obra do "gênio" como um "grau diferente" daquilo que dormia ou germinava na mente do homem comum, uma capacidade que potencialmente todas as mentes podem ter.

A criação artística foi compreendida, pelas psicanalistas Melanie Klein (1929) e Hanna Segal (1957) como a maneira mais satisfatória de aliviar o remorso e o desespero e reparar os objetos internos destruídos, recriando um mundo interno harmônico que seria o projetado na obra de arte.

Marion Milner (1952) reconheceu esse significado da atividade artística, mas considerou que a recriação é secundaria, sendo a função primária da atividade artística a de criar objetos, criar (fazer) o objeto que nunca existiu, usando uma nova capacidade de percepção.

Ao avançar na compreensão dos fenômenos ligados à simbolização, aos processos oníricos e ao pensar, a Psicanálise passou a estudar a transformação da experiência emocional em representações, alinhando-se em tal estudo com a Arte, a Filosofia e a Literatura.

Wilfred Bion estudou essa "passagem misteriosa" que vai da experiência emocional à sua representação em imagens oníricas e formulou a teoria da função alfa ("Uma Teoria do Pensar", 1962), segundo a qual a passagem ocorre desta forma: o sujeito, ao ter uma experiência sensorial e emocional, precisa dar-lhe significado e representação simbólica; com isso sua mente se torna capaz de ter novos pensamentos e de crescer em capacidade de pensar. Para que este processo aconteça, o sujeito depende de objetos internos que o ajudem nessa função de significar e representar. No início da vida é a mãe que exerce essa função (a mãe como um objeto não apenas de cuidados e nutrição, mas como objeto pensante). A criatura vai internalizando esse "objeto" como um modelo de pensar e a ele recorre, sempre que necessário, a cada nova experiência emocional. Assim são gerados novos pensamentos e novas "unidades simbólicas".

Para a vertente da Psicanálise atual que serve de referência para nosso estudo, toda função criadora considerada artística ou científica depende da criatividade dos objetos do mundo interno do indivíduo e das relações entre o *self* e seus objetos internos (ou "divindades"). A mente é entendida como espaços nos quais as experiências emocionais ocorrem continuamente e necessitam do reconhecimento em nível simbólico para que possam ser pensadas. Nessa perspectiva, a poesia surge de uma simbolização nesses espaços e o poeta pode estar avançando na descoberta da própria mente, a cada criação poética.

Os elementos precursores simbólicos, originados pelas transformações nesses espaços do mundo interno do indivíduo, são imagens principalmente visuais e auditivas. Para serem comunicadas, precisam ser representadas, e é deste processo que surgem os signos e os símbolos. Há um processo de produção contínuo inconsciente, que não é interrompido pelas experiências diárias conscientes, chamado de processo onírico. De dia, manifesta-se através de flashes, imagens visuais inexplicáveis, repentinas, não relacionadas aparentemente com a conversação ou a situação do momento. São "pensamentos incipientes" que denotam uma atividade de pensar, com a finalidade de alcançar um significado da experiência emocional em curso. A vida onírica é uma atividade pensante que busca dar sentido ao que vivemos, desde que sejam oferecidas algumas condições. É o lugar onde nos recolhemos, para dar toda a atenção ao mundo interno, às nossas relações íntimas e é onde as experiências emocionais são compreendidas, e os significados alcançados são representados nos sonhos noturnos, nas verbalizações, na música, na pintura e na poesia. Em geral, somos incapazes de compreender o significado dessa linguagem. Além disso, a transformação do pensamento nascente em qualquer linguagem sofre várias distorções. Temos que levar em conta também a eterna limitação da linguagem verbal pela representação nela implicada, aquela à qual Ludwig Wittgenstein pode estar se referindo quando diz: "o que não se pode falar, deve-se calar" (Tractatus Logico - Philosophicus, 1968), possível alusão à necessidade da imagem, da cena, da vivência, da linguagem pré-verbal para comunicar o todo da experiência.

Bion expandiu o conceito kleiniano de identificação projetiva ao descrever uma modalidade de comunicação, a "identificação projetiva realista". Segundo o autor, um indivíduo pode projetar no outro seus estados de ânimo, através de condutas pré-verbais (som, choros, risos, gestos, ritmos, etc.) e o outro passa a senti-los, sendo este o modo pelo qual ocorre a comunicação inconsciente, pré-verbal, sem palavras. Isto nos remete aos limites da linguagem verbal.

Mas por que escolher o poeta Eugenio Montale (1896-1981) para exemplificar o processo criativo?

Uma primeira leitura de seus poemas nos impressionou por ter despertado imagens visuais com uma vivacidade cinematográfica. E a "tela", que ele tantas vezes utilizou em seus poemas, coincidia com o surgimento da tela de cinema, na época de sua primeira coletânea *"Ossi di Seppia"* (OS).

Ítalo Calvino, por exemplo, ao comentar *Forse un mattino andando* (OS) se refere às imagens de Montale como "aflorando de dentro" e indo ao encontro do observador.

Poi come s'uno schermo s'accamperanno di gitto alberi case colli

per l'inganno consueto [Depois como numa tela vão se acampar de repente árvores casas colinas para o engano de sempre].

Nesse poema, a reconstrução do mundo ocorre *"come s'uno schermo"* [como numa tela] metáfora, afirma Calvino, ligada ao cinema, em que o mundo – árvores, casas, colinas – correm diante de nossos olhos numa tela bidimensional, e a rapidez de seu aparecimento se dá numa sucessão de imagens em movimento. "*Schermo*", completa Calvino, é usado por Montale no sentido de tela e não de anteparo e de ocultamento, como até então se fazia na tradição poética.

Imagens visuais e auditivas como já dissemos são precursores simbólicos de experiências emocionais, e seriam pistas da germinação e do nascimento dos estados de mente que o poeta viria a transformar em formas poéticas, e que nos poemas de Montale encontramos em abundância.

Ella Sharpe em seu livro "*Análise dos sonhos*" (1938) sustenta que as leis da "dicção" poética e as da formação onírica originaram-se das mesmas fontes inconscientes e possuem muitos mecanismos em comum.

O veículo de comunicação básico é o som e, unido a este, o poder de evocar imagens. A linguagem da poesia prefere a imagem à sequência de fatos, escolhe a expressão específica em vez da genérica. Um poema apela para o ouvido e para a vista, tornando-se uma "tela com animação".

Na primeira parte do volume temos o capítulo: O Mundo Mental Através da Literatura e da Psicanálise" para dar ao leitor os fundamentos de um modelo psicanalítico de mente, que adotamos para o presente estudo e para mostrar que a vida onírica é o lugar onde se processam as experiências emocionais e é por meio dela, que se dá a produção simbólica.

O capítulo seguinte "A Criatividade Vista pela Psicanálise" descreve uma nova teoria da criatividade sugerida por Donald Meltzer (1922-2004) e que integra o corpo teórico da Psicanálise atual.

Por fim no capítulo "Critica literária de enfoque psicanalítico", fizemos um rastreamento, sem pretender esgotar o assunto, de como a crítica literária de enfoque psicanalítico vem sendo exercida hoje, argumentando a favor de sua legitimidade.

Particularizamos o estudo da criação das formas poéticas em Eugenio Montale, por meio de sessenta e nove poemas em tradução nossa.

Rastreamos as origens do impulso criador em Montale relacionando-o com a Estética e a Literatura. A origem do impulso criador em Montale viria da necessidade de elaborar angústias ligadas principalmente à individuação Eu-Tu, à constituição de uma identidade, ao lidar com a passagem do tempo e com as perdas.

Focalizamos o processo criativo de Montale, buscando seu início, seus movimentos, relacionando-os com flashes de memória, com as diferentes incidências do tempo e com a influência do Eros.

Apoiando-nos no pressuposto de que aprender pela experiência emocional é o caminho para o crescimento da vida mental, pudemos encontrar, no modelo de mente montaliano, pontos de aproximação com o modelo psicanalítico de mente por nós já descrito no inicio do volume. Este modelo é estudado, em suas origens na Literatura pelas autoras inglesas Meg Harris Williams e Margot Waddell.

Um aspecto do modelo montaliano que nos chamou particularmente a atenção foi a relação do poeta com "o conhecer", que se iniciou com a busca de sua identidade, em *OS*, prosseguindo com o conhecimento do outro (Tu), e com a reflexão acerca de sua relação com a divindade, ao longo de suas outras coletâneas.

A busca do autoconhecimento se caracteriza nele por movimentos de enclausuramento e de fuga, imobilidade e movimentos em queda, sombras, luzes e outros. O medo de perder os vínculos afetivos ao definir sua identidade, muito presente no ciclo *Mediterraneo*, é expressão de sua ambivalência sentida como um tormento.

O conhecer em sua primeira produção, está principalmente circunscrito ao "estar diante de objetos concretos" e poder registrá-los sensorialmente. Embora em *OS* visualizemos momentos em que o conhecer é alcançado pela possibilidade de imaginar, será em *OC* que o poeta supera o conflito estético, realizando construções imaginativas acerca do objeto.

O poeta se debate para se libertar e busca uma abertura para fugir da prisão, metáfora do nascimento do pensar e do poder conhecer mediante um movimento rumo ao desconhecido, indo para um novo tempo e um novo espaço.

Essa passagem em que, para conhecer, deixamos de nos servir do que vemos, tocamos ou ouvimos e temos que fazer um esforço de imaginação para saber o que não está ao alcance dos sentidos, ocorre em várias líricas montalianas.

É sobejamente conhecida a complexidade, que inicialmente pode beirar a dificuldade de compreensão, do léxico montaliano. Formas dialetais se misturam a termos eruditos (ou pouco usados), terminologias técnico-científicas referentes a nomes e acidentes geográficos, a espécies de fauna e flora, além de expressões em línguas estrangeiras, que, numa primeira leitura, podem tornar seus poemas obscuros, ou herméticos, como alguns críticos pretenderam qualificá-los. No entanto, seu léxico explicita uma concretude que permite individualizar o objeto com exatidão. Tendo isso em mente, incluímos nesse trabalho a tradução completa dos poemas que analisamos e que contou com as valiosas sugestões da Prof.ª Aurora Fornoni Bernardini.

No final do livro há um glossário de termos e conceitos psicanalíticos.

PARTE I

LITERATURA E PSICANALISE

Capitulo I

O Mundo Mental através da Literatura e da Psicanálise

O Modelo Psicanalítico da Mente segundo Klein, Bion e Meltzer.

A psicanálise iniciou-se a partir de uma orientação profundamente biológica no que se refere ao conceito de mente. Sigmund Freud percebeu que a Unidade da Mente podia ser questionada *(A cisão do Ego nos processos defensivos – 1938)*, mas, demorou para desfazer-se da equação Mente-Cérebro. A Teoria da Libido e a Teoria Estrutural serviam como instrumento para explicar de que modo a personalidade encontrava uma solução pacífica entre o Id e o Superego, (com o Ego funcionando como mediador) não se constituindo propriamente num modelo de mente, mas ficando conhecido como um modelo hidrostático energético, calcado em funcionamentos biológicos.

Já a psicanalista austríaca, Melanie Klein (1), ao descrever a vida de fantasia e os mecanismos de dissociação, pôs fim à questão deixando claro que a mente não funcionava como uma unidade. O conceito de realidade psíquica e a descoberta da identificação projetiva tornaram evidente que não vivemos num único mundo, mas sim em vários.

O contato analítico com crianças pequenas levou-a a uma expansão do conceito freudiano de Superego. Mostrou-lhe até que ponto o Superego das crianças era vivido como concreto, como eram as <u>figuras internas,</u> vivendo um espaço existente dentro de seus corpos, figuras com vida própria, que tanto podiam atacar como serem elas mesmas objeto de represália; ela mostrou que havia uma relação de família dentro de seus mundos internos, uma relação entre seus "selfs" e a essas figuras Klein passou a denominar "objetos internos". Para Klein o Superego e o espaço da realidade psíquica passaram a ser vistos como muito concretos, um <u>universo</u> onde acontecem coisas que moldam nossa vida e nossas relações com o mundo exterior.

Estas contribuições de Klein, no entanto, não foram suficientes para que ela realmente formulasse um Modelo de Mente.

<u>Foi Bion quem apresentou um Modelo de Mente, notadamente epistemológico, ao formular a Teoria do Pensar (1962) e dividindo a vida mental em espaços simbólicos, e não simbólicos,</u> pondo ênfase no fato de que a mente era um instrumento para refletir acerca das experiências emocionais.

A primeira contribuição de Bion (2) para o desenvolvimento da personalidade é sua descrição da relação mãe-filho em que o comportamento materno não é visto apenas como capaz de oferecer cuidados fisiológicos ou atendimentos que pudessem conter a ansiedade do bebê dentro de limites toleráveis. <u>Bion diz que a mãe precisa pensar como o bebê sente e "pensa", para ajudá-lo a pensar sobre si mesmo</u>. Servindo-se do conceito de identificação projetiva de Klein, acrescentou-lhe uma dimensão "realista", por entender que o único modo de comunicação do Bebê dá-se no início por identificação projetiva. Ele projeta a parte perturbada de sua personalidade na mãe e esta, com sua "rêverie", recebe tais comunicações em seu inconsciente, põe ordem no caos de sensações e pensamentos e os devolve ao Bebê mais toleráveis, para que possam ser internalizados. É o que vai promovendo o aprendizado a partir da experiência, que contribui para o crescimento da mente, nutrida por significados e imaginação. Bion descreveu o processo de elaboração das experiências emocionais chamando-o Função Alpha, uma abstração que gera metáforas, mitos, símbolos, para dar significados às experiências emocionais. Em sua Teoria do Pensar os pensamentos são vistos como criadores de significados e a mente como vivendo num mundo significante, e não simplesmente como um órgão de adaptação ao mundo exterior.

Meltzer, servindo-se das contribuições de Klein e Bion avança na formulação do conceito de Superego, contribuindo com um importante aporte à origem da criatividade. Em "Além da Consciência" (3) este autor vai, passo a passo, desenvolvendo sua ideia que o leva à nova formulação. Para ele, Klein viu os problemas do desenvolvimento como problemas de integração dos objetos cindidos desde a primeira infância: cada conjunção de pedaços cindidos era uma conjunção dos fragmentos de objetos e self, acompanhada de conflito e dor psíquica. O objeto primitivo, seio e mamilo, eram cindidos num fragmento materno e paterno, e o significado do mamilo ficava assimilado ao pênis do pai, dando origem ao complexo de Édipo pré-genital, num nível parcial.

Em assim sendo o complexo de Édipo, para Klein, passou a ser um exemplo específico da necessidade de reintegração dos processos de cisão, ocorridos no início da infância, sob algum tipo de pressão psíquica. A ideia de integração incluía a reunião de pais de certa forma combinados (Freud), um objeto combinado visto como a essência do "Superego".

No objeto combinado, ou em sua forma cindida, os genitores são relacionados entre si e passam a ser um conceito concreto do superego, com funções descritas como "atmosféricas" (pais protetores, nutridores, restritivos, proibidores, encorajadores, etc).

O autor segue revendo a Teoria do Pensar, de Bion, que enfatiza o papel do pensamento, não apenas no sentido de examinar e resolver conflitos emocionais, mas pensamento para criar significados, ou seja, capaz de "pensar sobre as emoções", e é deste pensar a partir das emoções que depende o desenvolvimento da personalidade. As emoções são vistas como elos de ligação das relações intimas de pessoa a pessoa e dentro da própria pessoa. Amor, Ódio, Sede de Conhecimento e Compreensão são a matéria de que são feitos o crescimento e o desenvolvimento. Bion mostrou que o problema não era de Amor versus Ódio, mas de Emoção versus Antiemoção. Sinteticamente falando seriam A, O, C e –A, -O, -C (Em inglês L, H, K e -L, -H, -K).

Bion ainda sugeriu que o que interessa é pensar <u>as experiências emocionais que suscitam conflitos</u> entre as emoções e as antiemoções e que a forma como <u>pensamos sobre elas vai sendo transformada em sonho, por obra da própria emoção.</u>

Meltzer conclui que, para Bion, o sonho é pensamento, o primeiro pensamento. É a representação simbólica inicial do significado da experiência emocional, é a pedra fundamental sobre a qual necessariamente se apoiam todos os níveis de pensamento mais elaborados, tornados abstratos e organizados.

Lembramos que para Freud sonhar é uma função que possibilita ao sono sua continuidade e para Klein o sonho é uma fantasia inconsciente, em que se manifesta a interação entre o *self* e os objetos internos. Quanto à passagem entre a emoção e o sonho, que dá representação à emoção, Bion deixou-a envolta em mistério, diz Meltzer:

"O conceito de mistério, de que há mistérios sobre o funcionamento mental (...), onde a mente não consegue penetrar, seja nos espaços pertencentes a ela própria seja nos de outra pessoa – esse é o conceito que estabelece uma conexão entre a psicanálise e a história da arte e o

pensamento literário, especialmente na Inglaterra, com toda uma linha de desenvolvimento que vai de Shakespeare a Milton e aos poetas românticos, particularmente Wordsworth, Blake, Coleridge e Keats, durante o século XIX. A meu ver, esse é um tributo que devemos a Bion, pelo mérito de ter estabelecido esta conexão entre o pensamento psicanalítico e a evolução do pensamento literário" (4).

A constituição de uma zona de mistério afeta, no entender de Meltzer, o conceito de superego. Assim ele escreve:

"Bion achava que a primeira realização da função alfa na vida do bebê não é realizada pelo bebê, mas a primeira realização pela função alfa dessa misteriosa transformação da emoção em símbolo (a ser usado na atividade de sonhar) deve-se á mãe. O bebê sendo amamentado, no epítome de sua relação com a mãe, não está se alimentando simplesmente com o leite do seio, mas também com a reverie da mãe – que lhe chega através dos olhos e da voz materna, bem como da forma como ela o segura, e assim por diante. A mãe transmite ao bebê <u>algo que elaborou em sua mente</u>, associado ao estado emocional do bebê, em forma simbolizada, dando-lhe condições de ter um sonho e assim começar a pensar sobre a experiência que está tendo. Ora, se o bebê internaliza não apenas um seio e um mamilo que o alimentam, mas um seio e um mamilo pensantes, temos um superego pensante, que será o iniciador do pensar sempre que o self se defrontar com uma nova experiência emocional para a qual não tenha equipamento para pensar. A necessidade de ter um <u>objeto pensante</u> que possa ser reativado no nível infantil sempre que o <u>self</u> se defrontar com uma nova experiência é uma necessidade de todo indivíduo. Ter um objeto capaz de ajudá-lo a <u>simbolizar a experiência</u>

emocional e dar-lhe uma representação num sonho que <u>será o inicio de seu pensar</u> sobre esta experiência"(5).

Deste desenvolvimento de Meltzer decorre um conceito de superego, de pais numa relação harmoniosa e que precisam ter uma área de privacidade onde se recolherem para que possam realizar seu ritual amoroso. Esta área de privacidade no mundo interno *"é algo semelhante a uma câmara nupcial onde os objetos internos têm condições de se recolherem para renovar sua conjunção recíproca, e fabricar bebês, que são também pensamentos, símbolos. Percebe-se que essa é também uma Teoria da Criatividade e não apenas uma Teoria do Desenvolvimento do Self, criatividade que depende da função mental criadora dos objetos internos"*(6). (Superego pensante, pais em relação harmoniosa).

Segundo essa teoria, toda a função criadora artístico-ciêntifica tem suas raízes na criatividade desses objetos internos que dependem da permissão do Self para se retirar em sua câmara nupcial e renovar sua combinação um com o outro.

Sabemos, através da prática analítica, que tremendas forças da personalidade se alinham para não permitir tal combinação e que no modelo teórico de Bion* são as forças de menos Amor - puritanismo, menos Ódio - hipocrisia e menos Sede de Conhecimento e Compreensão - filistinismo, resistência a qualquer ideia nova.

E o que leva a resistir à beleza da criatividade? Ou melhor, que dores psíquicas surgem numa personalidade ao se defrontar com o <u>objeto estético</u> em sua beleza? Sendo o protótipo original desse objeto estético a Mãe com seu Bebê no colo, sendo amamentado?

---

* Bion grafou-os pelos signos –L (-love), - H (-hate), - K (-knowledge).

Meltzer (7) (1998) nos brinda com mais uma contribuição original: a conceituação do Conflito Estético e seu papel no desenvolvimento emocional, na violência e na arte.

Ele toma como ponto de partida a descrição que Bion faz das emoções como vínculos que incluem além de <u>amor</u> e <u>ódio</u>, o <u>conhecer</u>, e realiza um salto imaginativo para confrontar os vínculos emocionais positivos com os vínculos emocionais negativos, como ocorre na tradição de Milton, Blake e Coleridge.

Demonstra também como estão <u>entrelaçados entre si os vínculos positivos</u>, citando Blake em "O matrimônio do Céu e do Inferno" ("The Marriage of Heaven and Hell") e como estão entrelaçados os vínculos negativos, referindo-se ao inimigo asqueroso "(foul fiend) de Coleridge.

Bion, ao introduzir o conceito de "mudança catastrófica" – ele que já tinha aderido à formulação de Keats: "a beleza é a verdade, a verdade é a beleza" – iniciou por esclarecer as implicações desta formulação.

É a "nova ideia" a que golpeia a mente, como uma catástrofe, com a finalidade de ser.

assimilada, para pôr em movimento toda a estrutura cognitiva.

A nova ideia se apresenta, no pensamento de Bion, como uma "experiência emocional <u>da beleza do mundo e sua maravilhosa organização</u>".

<u>O conflito</u> dos vínculos emocionais positivos e negativos que rodeiam o desejo e o interesse, <u>está sempre presente, e prazer e dor</u> estão inextricavelmente unidos. <u>Tal conflito deve encontrar sua representação simbólica</u>, graças ao trabalho da função alfa, e estar disponível para os pensamentos oníricos, para a transformação em linguagem verbal ou em outras formas simbólicas, como nas artes. Tolerar este

conflito depende da capacidade que Bion, chamou de "Capacidade Negativa"; utilizando a conceituação de Keats, capacidade essa de manter-se na incerteza, sem esforçar-se para chegar a um fato ou a uma explicação.

Na luta contra o poder cínico dos vínculos negativos, a mente <u>precisa tolerar a incerteza</u> das relações íntimas, sendo este o centro do conflito estético.

O conflito estético poderia ser enunciado em termos de <u>impacto estético do exterior da bela mãe, a disposição de nossos sentidos</u>, e o seu <u>interior enigmático</u> que deve ser construído mediante a imaginação criativa.

A visão de Klein quanto ao fato de a posição depressiva ser um passo evolutivo depois da posição esquizoparanóide, resulta numa visão trágica, segundo Meltzer, por se inverterem os valores humanos, e se olhar para trás, para o objeto abandonado (ou perdido), em lugar de se olhar para frente, para o desenvolvimento e a possibilidade de um objeto enriquecido, que a própria renúncia torna alcançável.

Esta visão é, para Meltzer, um vestígio da "agonia romântica", e implica uma <u>estrutura linear de posse e perda</u>, mais do que uma imagem <u>complexa capaz de reunir o passado e o futuro na experiência presente</u>. Foi o que Bion viu em sua fórmula Posição Esquizoparanóide (PS) e Posição Depressiva (PD) (GL), como a oscilação reiterada de integração de valores que deve ser vivenciada a cada "mudança catastrófica".

<u>O elemento trágico na experiência estética reside, não na transitoriedade, mas no caráter enigmático do objeto.</u>

No conflito estético, a experiência central da dor reside na incerteza, tendendo à desconfiança e a suspeita. A busca de conhecimento, o vínculo K, o desejo de saber, torna possível dar ao objeto sua liberdade e liberta o sujeito da ânsia de gratificação e de controle sobre o objeto.

Para Meltzer este é o *modus operandi* para a mudança de PS para D, onde se exerce a Capacidade Negativa e onde se encontram a Beleza e a Verdade.

Origens Literárias do Modelo Psicanalítico da Mente

O modelo psicanalítico da mente que considera a psicanálise como um processo estético e imaginativo parece-nos ter forte semelhança com a experiência literária, com a literatura e a psicanálise explorando o mesmo mundo mental, mas com instrumentos diversos.

Poetas e artistas, de uma maneira geral, sempre abordaram a realidade psíquica por meio de uma linguagem metafórica, para superar as restrições da linguagem racionalizante (lógica) em cada época e para tentar abarcar as constelações emocionais e os processos simbólicos do pensamento.

Meg Harris Williams e Margot Weddel (8) propõem, em seu livro, um percurso pela literatura inglesa, com o intuito de <u>rastrear as origens literárias do modelo psicanalítico da mente.</u>

Declaram desde o inicio, e nós estamos totalmente de acordo, que o sentido dessa exploração é o de ampliar o conhecimento e não o de propor uma visão redutora em que o conteúdo fantástico literário possa se tornar simples objeto da interpretação psicanalítica.

Meg H.W., uma das autoras, escritora e artista com longa vivência no mundo psicanalítico inicia o percurso analisando a obra de Shakespeare.

Cada peça de Shakespeare – diz a autora – parece começar do mesmo jeito: um conjunto de personagens, (talvez diferentes aspectos de um só), assimilam, aos poucos, aspectos do mundo interior e revelam o modo em que a mente funciona.

Cada personagem parece deixar entrever uma fresta que leva a habitações contíguas do pensamento – segundo a famosa metáfora de Keats, à " Câmara do Pensamento Virginal" – e a ela se dirige mesmo que não o queira, movido por uma rede de tensões psíquicas que parecem arrastar os outros personagens também, descortinando diante deles um novo mundo feito de forças insuspeitas.

A autora descreve e comenta a peça de **Shakespeare** *Ricardo II* e encontra nela um modelo de desestabilização mental, originado a partir do interior, que mina o sistema de "supostos básicos" que cimentavam a estrutura da sociedade daquela época.

Estes supostos básicos concentram-se na imagem da mente-criança (o rei), protegido pela coroa-paraíso (o espaço da mãe): identificações estas cristalizadas no narcisismo. Tudo isso é demolido, gradativamente, à medida que se produzem contatos emocionais, e o drama termina como o começo de uma nova história de reconstrução.

Ricardo II pertence ao grupo de dramas "líricos" da primeira maturidade de Shakespeare. Nos dramas "problemáticos" – sua produção intermediária – Shakespeare está continuamente procurando a natureza das forças que obstaculizam a "rica prole", ou seja, os pensamentos criativos que emergem da sagrada casa da mente.

Em *Hamlet*, a estrutura da peça parece dilatar e explodir o modelo clássico da tragédia de vingança, sendo que, deste modo, um drama latente e metafórico emerge e se torna um drama onírico.

Hamlet está atormentado pela sensação de que todos querem escrever sua história, tocar suas notas, descobrir seu mistério, antes que ele possa enfrentar o problema de sua verdadeira identidade.

Hamlet encarna o ideal do príncipe do renascimento. O espelho dos costumes e dos modos, o objeto de todos os olhares. Seu formato parece perfeito até o momento em que ele tem que se tornar príncipe, ao invés de continuar representando um papel.

A peça explora as frustrações e os subterfúgios que o espírito encontra na sua busca de "reciprocidade simbólica" ou de compreensão.

Hamlet enfrenta dolorosas profundezas na busca da própria identidade: "Senhor não sabemos o que somos, e não sabemos o que podemos ser", diz ele, em um dos seus discursos.

No drama, Shakespeare mostra como o problema da formação do símbolo (ou percepção do símbolo) seja intrínseco ao autoconhecimento da mente. A obscura identidade do futuro príncipe da Dinamarca só poderá assumir sua verdadeira forma se forem estabelecidas relações entre o *self* e seus objetos internos.

Se as mortes de Ricardo II e Hamlet foram, em um certo sentido, acidentes que permitiram encerrar o drama sem serviem de indicadores do fim de uma luta espiritual e do início de uma nova época, a morte do rei Lear, na peça homônima (1605), não é um fechamento, mas um ponto essencial da metamorfose – diz a autora. A peça "representa, quem sabe, a expressão modelar de um nível de desenvolvimento da mente-menina, que apresenta as etapas da perda da onipotência, da desintegração turbulenta e da recuperação final de uma visão estética, que sustenta a capacidade que a mente tem de criar a si mesma. Em Lear a luta se dá entre a sede de autoconhecimento (sabedoria) e as tentações da onipotência ignorante (danação)" (9). Sua crença nos deveres das filhas é expressão de uma onipotência ilusória que é esvaziada gradativamente (exceto quando se refere à Cordélia) até revelar um homem sem abrigo, no centro de sua tempestade interior, e o acontecer da catastrófica metamorfose. Lear adquire nova identidade, através da linguagem da loucura, que expressa a "cegueira" da visão interna e do verdadeiro sentimento que é "o que sentimos, e não o que deveríamos dizer". (10)

Em continuação, Meg H.W. analisa o modelo de mente contido na obra de **Milton** por ela ter entendido a mente como tendo um lugar próprio.

Milton, em sua figura dupla de pregador e poeta, encorajou seus leitores a utilizarem sua capacidade de aprender graças à experiência emocional. Em sua obra máxima *O Paraíso Perdido*, sua busca poética propõe desvincular a dependência da mente dos pólos estáticos - o céu e o inferno.

Adão e Eva em sua queda, com o abandono da onipotência e a reintegração da humildade, percebem que "Diante deles está o mundo, onde, guiados pela providência, escolheram um lugar para morar...(11)". Eles percebem que "têm o mundo à frente" e Satanás sente inveja e ciúmes e introduz a morte no jardim do Éden. A morte se torna para Milton uma transformação, não um fim ou uma prisão, um impulso em direção ao desenvolvimento, a tal ponto que Blake pôde dizer que Milton: "era um verdadeiro poeta, mas da parte do Diabo, sem sabê-lo".

> Shine inward, the mind through all her powers
> Irradiate, there plant eyes, that I may say and sing
> Of things invisible to mortal sight.
> [Brilha para dentro, a mente por todos seus poderes
> Irradia, planta olhos lá, que eu possa dizer e cantar
> Coisas invisíveis à vista mortal.]
>
> (III.52-5)

De fato, em *O Paraíso Perdido*, Deus é o porta-voz do poeta, um organizador autoritário através de quem Milton prega aos homens "as vias divinas", enquanto o diabo representa o veículo do espírito poético, até a queda do homem, quando este espírito passa para Adão e Eva.

A complexidade da figura do diabo fará com que ele se torne parte da consciência do novo mundo, numa integração criativa de amor e ódio.

No manuscrito que contém os primeiros poemas miltonianos há uma carta em prosa (1633) em que o poeta se refere à obrigação que sente de fazer o uso do talento que lhe havia sido dado por Deus. O reconhecimento da inspiração (Musa Celeste, Musa Mãe) e do sentido do Dever são pontos firmes na poética de Milton, tal como o já mencionado conceito de Desenvolvimento.

Para Milton a poesia representava a orientação vital interna que devia impregnar cada estrutura de conhecimento e cada habilidade intelectual e mais: embora ele não chegasse a escrever nenhum tratado de Poética, a poesia para ele era entendida não como um mero ofício, mas como o princípio-base da aprendizagem. Ele desenvolveu essa ideia num outro tipo de tratado (*Tratado sobre a Educação – Aeropagitica and of Education* – 1664), onde explicita que considera currículo ideal o que culmina com as "artes orgânicas" Lógica, Retórica e Poesia.

Não por nada Coleridge haveria de louvar seu predecessor, cuja concepção de poesia haveria de coincidir com sua própria noção de "crescimento orgânico". A poesia, em outra definição de Milton, é um processo contínuo de reparação e de recuperação [da educação].

"O primeiro poema em que Milton realiza um genuíno enfrentamento emocional, dentro da experiência poética, com a ideia de "queda" ou "morte é *Lycidas*" - diz Meg Harris William "- o poema-chave que ele desenvolve antes de *Paraíso Perdido*. Lycidas (1637) foi composto após a morte de sua mãe (...). O verdadeiro argumento do poema é a capacidade da mãe interior, ou Musa, ou anjo-da-guarda, ser resiliente diante da morte e sobrepujar as marés da paixão cuja intensidade ameaça submergir o poeta. (...) A figura do 'jovem Lycidas' representa um aspecto do poeta cuja identidade é dividida em duas partes: uma que parece perdida, morta, submergida por marés de dor assoberbantes, tumultuosas, e outra que empreende a tarefa de encontrá-lo (a ele, enquanto poeta elegíaco). No final, a descoberta do corpo de Lycidas, afogado, corresponde a uma restauração interior" (...) A função de *Lycidas* no desenvolvimento mental de Milton é a de estabelecer um tipo de Musa, dentro dele, capaz de resistir à destruição do ícone (a explosão emocional) e às forças negativas da onipotência invejosa (os falsos poetas, o 'caminho' facinoroso) e poder, então, restaurar o conceito de melodia ou de harmonia de um modo que não seja um disfarce superficial, mas um símbolo genuíno, capaz de fazer frente à experiência catastrófica original do 'afogamento'. Isso ocorre no último movimento do poema, que começa com o reaparecimento do corpo perdido de Lycidas aos olhos da imaginação." (12)

O novo mundo, o "paraíso interior" é uma paisagem laboriosa em Milton, que pouco tem a ver com a tranquila e clássica serenidade do Éden. Adão e Eva que se dão as mãos levam a visualizar uma rede de relações internas que orientam o trabalho e o desenvolvimento da mente, quando ela é "seu próprio lugar" e não um derivado do céu ou do inferno.

Meg. H.W. caracteriza, a seguir, o modelo de mente de **Blake** como o "Olho da Mente".

Em Blake, o conceito do Deus transcendente e inalcançável é substituído pela visão de uma Família Divina, composta por divindades que guiam a mente criativa, sendo responsáveis pela expansão sem limites da visão interior para o infinito.

A imagem de Blake do mundo interior criativo (realidade psíquica), que ele chamou de Jerusalém, é composta pelas divindades internas, a saber: <u>Jesus</u> (Deus, como Jesus), <u>as musas femininas</u> ou filhas de Beulah (o mundo dos sonhos), colaboradoras de Jesus, que cuidam da alma sofredora e dos pequenos meninos de Jerusalém (as particularidades minúsculas da existência mental, invenções embrionárias da imaginação ou da visão, intelectual). E, todos juntos, constituem a "Humanidade Divina", ou seja, a própria Humanidade, porque todas as divindades residem no "Coração do Homem".

E o processo que leva ao conhecimento destas relações internas constitui "a construção de Jerusalém". Para William Blake ver o "infinito" significa ser "humano".

"Se as portas da percepção fossem purificadas cada coisa apareceria ao homem como é, infinita. Pois o homem fechou-se tanto que vê somente através das estreitas frestas de sua caverna" (13).

Quando a percepção é purificada, a visão se torna translúcida e imaginativa, constituindo um paraíso interior. Do contrário, não havendo esta "tensão emocional", o homem entra num estado de não-entidade espiritual, que Blake chama <u>ULRO</u>, sua versão do inferno, uma auto prisão circunscrita pela insensatez das impressões sensoriais, as paredes da caverna.

"O modelo literário da mente em Blake é fundado no assedio dos opostos de Milton" – diz a autora. Sem contrários não há progresso: Atração e Repulsão; Razão e Energia; Amor e Ódio são necessários à Existência Humana.

No modelo de Blake existe somente uma forma de conhecimento: <u>imaginar o que existe na mente</u>. A imaginação, tendo à sua volta os filhos da inspiração é a verdadeira visão. A inventividade, sob a forma de fábula ou alegoria, é associada às <u>filhas da memória e é dominada pela egocidade</u>, uma distinção de que Coleridge irá tratar mais adiante e que corresponde aproximadamente, em psicanálise, à diferença que existe entre poder transformar as vivências sensoriais e emocionais em formas simbólicas pelo pensar imaginativo, e usar modos imitativos e memória, desvinculando o pensar das experiências sensoriais e emocionais.

A última palavra em termos da contribuição literária de Blake ao modelo da mente, explica a autora, deve ser deixada ao poema "O Tigre", que demonstra simbolicamente como a tensão criativa entre os opostos é essencial para a vida mental:

The Tiger (O Tigre)

Tiger, tiger, burning bright
In the forests of the night,
What immortal hand or eye
Could frame thy fearful symmetry?

In what distant deeps or skies
Burnt the fire of thine eyes?
On what wings dare he aspire?
What the hand dare seize the fire?

And what shoulder and what art
Could twist the sinews of thy heart?
And, when thy heart began to beat,
What dream hand, what dread feet?

Tigre, tigre, ardente fulgor
Nas florestas da noite,
Qual imortal mão ou olho
Pôde moldar tua assustadora simetria?

Em que abismos ou céus distantes
Incandesceu o fogo dos teus olhos?
Em que voos ele ousa lançar-se?
Qual mão ousa agarrar o fogo?

E que ombros, que engenhos
Pôde torcer as fibras do teu coração?
E quando o teu coração começou a bater
Qual tremenda mão, quais tremendos pés?

What the hammer? What the chain?	*Qual martelo e qual corrente?*
In what furnace was thy brain?	*Em qual fornalha teu cérebro esteve?*
What the anvil? What dread grasp	*Qual bigorna? Qual terrível mordaça*
Dare its deadly terrors clasp?	*Ousa segurar teus mortíferos terrores?*
When the stars threw down their spears,	*Quando os astros derrubavam suas lanças*
And water's heaven with their tears,	*Inundando os céus com suas lágrimas,*
Did He smile His work to see?	*Ele sorriu ao ver Seu trabalho?*
Did He who made the lamb make thee?	*Quem o cordeiro criou, criou também a ti?*
Tiger, tiger, burning bright	*Tigre, tigre, ardente fulgor*
In the forests of the night,	*Nas florestas da noite*
What immortal hand or eye	*Qual imortal mão ou olho*
Dare frame thy fearful symmetry?	*Ousaria moldar tua assustadora simetria?*

A luz do tigre é uma daquelas luzes interiores que, para Blake, iluminam aspectos da eternidade.

A pergunta central do poema é se o poeta pode suportar a aterradora conjunção entre as emoções contrárias inspiradas por tal luz, "a terrível simetria do terror e da beleza".

A luz, ao mesmo tempo, convoca e repele o poeta, consciente de que a tal simetria não se pode "enquadrar", ou seja, aprisionar ou domesticar.

Na segunda estrofe, a luz na floresta e o céu noturno, sugerem o matrimônio do fogo dos olhos queimando nas profundezas, ou nos céus, de um jeito que sugere não somente o matrimonio do céu com o inferno, mas dos olhos azuis tornando-se profundos e incandescentes.

As câmaras centrais, concentradas no corpo do tigre, são uma construção simbolizada pelos trabalhos delas nas suas fornalhas, martelando as portas da percepção para forjar a visão interior, o fazer do artista-artesão, mais do que receptor da inspiração (da Musa).

No curso deste processo assiste-se a uma <u>fusão de identidades entre o criador e o que é criado</u>, fusão na qual o poeta é arrastado.

O "ombro" de Deus se torna o do Tigre, a "mão" e os "pés", a batida do coração (comunicada pelo ritmo acelerado do poema) é, em primeiro lugar, os do tigre, mas também os de Deus. Isto inclui o poeta na identificação, através do seu sentimento de terror.

Os batimentos de seu coração levam à sucessiva série de perguntas, que culminam na enganchamento da rima em que Tigre, Deus e Poeta estão unidos. E as perguntas-modelo: "que tremenda mão e que tremendos pés?" e "Sobre quais asas" ligam as asas da exploração ao aperto do tigre, na viagem do poeta através do conhecimento.

A repentina palavra "terrores", entre as referências concretas ligadas ao construir, joga uma luz sobre como o poeta possa ser tomado pelo terror da mão do Tigre-Deus, ao agarrar a imagem que estrutura o poema.

O poeta sente que seu mundo interior se reaviva e inicia a pulsar como resultado da conquista do fogo da poesia, e encontra a própria identidade estruturada pela congelante simetria do símbolo. Daí as portas da percepção serem purificadas e iniciarem-se as lágrimas.

A relação implícita com o Tigre e o Poeta é a dos amantes. "Quem o cordeiro criou, criou também a ti?"

No verso final o poeta reconhece que a assustadora simetria do Tigre depende mais da capacidade emocional do que da habilidade artística. O símbolo do tigre já está completo e ele descobre que o que torna aterrador o tigre é a união dos opostos, a tensão emocional, ou o conflito estético entre o Tigre e o Cordeiro, ambos aspectos de Deus.

A contribuição literária de **Wordsworth** ao modelo da mente: é formulada por Meg H.W. como "o clarão visionário."

Ela encontra em Wordsworth também a intensidade da visão poética enquanto manifestação da experiência universal que inicia a infância, sendo que a criança destacada em "a morada da alma" é portadora da nova vida que se inicia a partir de suas antigas "nuvens de glória". (14)

Ao que Blake chamava de "caverna", Wordsworth chama de "sombras da casa-prisão", que limitam a percepção apenas aos requisitos da vida de sobrevivência. O hábito vai embotando a percepção, sem o recurso blakeano do "casamento" dos contrários, restando à criança apenas alguma "fugaz aparição", que lhe recorda sua vida espiritual de outrora.

Em "Ode à Imortalidade" a poesia era proposta como meio de consolação e não de exploração.

Wordsworth não tratou das forças negativas que surgem da interioridade dos poetas e mostrou-se incapaz de permanecer com o tumulto da alma para poder explorar a realidade emocional.

Para Wordsworth o nascimento da alma ("Ode à Imortalidade") é evocado como um recém-nascido, sendo que, à medida que cresce "as sombras da casa-prisão" se cerram sobre ele... e termina com uma recordação nostálgica e não uma redescoberta da moradia da alma, que pode se realizar somente em períodos de tempo sereno. A definição mais formal de poesia que ele dá é "a emoção lembrada em tranquilidade.".

Mas o pensamento criativo de Wordsworth se desenvolveu antes da "Ode à Imortalidade" sendo que nas "Baladas Líricas" e no "Prelúdio ou Crescimento da Mente de Poeta" é que se manifestam as fontes internas que se alimentam da mente. O Soneto "Westminster Bridge", representa uma expressão perfeita do conflito estético, tal como

"O Tigre" de Blake, que surge quando a mente avança na compreensão do rico e grandioso potencial de suas divindades internas. "Westminster Bridge" representa também um casamento de opostos: a inocência e a experiência.

Westminster Bridge (Ponte de Westminster)

"Earth has not anything to show more fair:	*"A terra não tem nada de mais belo a mostrar:*
Dull l would be of soul who could pass by	*Insensível seria minha alma se eu negligenciasse*
A sight so touching in its majesty:	*Uma visão tão tocante em sua majestade;*
This City now doth, like a garment, wear	*Esta cidade veste agora como uma peça de roupa*
The beauty of the morning; silent, bare,	*A beleza da manhã; nuas e silenciosas,*
Ships, towers, domes, theatres, and temples lie	*As naves, as torres, as cúpulas, os teatros e as [igrejas*
Open unto the fields, and to the sky;	*Abrem-se para os campos e para o céu;*
All bright and glittering in the smokeless air.	*Todas luminosas e cintilantes no ar sem fumaça.*
Never did sun more beautifully steep	*Nunca em seu primeiro esplendor mergulhou o sol*
In his first splendour, valley, rock, or hill;	*Mais magnificamente nos vales, sobre as rochas e as colinas;*
Never saw I, never felt, a calm so deep!	*Nunca vi ou senti uma quietude assim profunda!*
The river glideth at his own sweet will:	*O rio deslizava à sua doce vontade:*
Dear God! The very houses seem asleep;	*Meu Deus! As próprias casas parecem [adormecidas;*
And all that mighty heart is lying still!	*E todo aquele coração tão possante está tranquilo!*

[**Apud** *The Chamber of Maiden Thought, op.cit* .p. 86]

Na visão religiosa pessoal de Wordsworth o campo representa o céu e a cidade o inferno. Mas neste soneto a cidade é transformada pela "roupa" da beleza. É a purificação da percepção, na qual a vida interna da cidade parece respirar e emanar, luminosa e cintilante no ar sem fumaça.

O olho visionário do poeta liga-se ao rio que corre por toda a cena, unindo seus elementos. É o coração possante que atesta a realidade das grandiosas reservas de vida em volta da cidade.

"Meu Deus!" é uma exclamação de maravilha, mas também de medo da beleza. O conflito emocional é simbolizado. Aqui não se trata de uma emoção lembrada na tranquilidade, mas de uma revelação que ocorre no momento da composição.

Enquanto Wordsworth fez tesouro nostálgico da visão "passada", como que venerando o ser que a hospedara, **Coleridge** procurou assimilar a experiência poética através de um meio mais gratificante, a imaginação, que permitisse à mente continuar a crescer. Meg H.W. caracterizou o modelo de mente de Coleridge como "O ser progressivo".

Desenvolvendo um modo de pensar a experiência poética baseado na leitura e na escrita da poesia, Coleridge contribuiu bastante para ligar Literatura e Psicologia.

Coleridge elaborou também um tipo de experiência filosófica que diferenciava claramente os dois modos de aprendizado: o imitativo (ou mecânico) e o orgânico (imaginativo), em virtude do qual o conhecimento constitui "o ser" da mente e contribui para o seu crescimento.

O interesse de Coleridge estava dirigido ao modo em que a mente obtinha os "princípios" e não as informações, a "identidade interna" e não os sinais externos do status social.

Entendemos que Coleridge buscava os conceitos, os significados ("os princípios") do conhecimento que se torna real pelo autoconhecimento, e que fornece o fundamento do modelo de mente para Coleridge.

Um dos eventos seminais de sua experiência pessoal foi a composição de "A Balada do Velho Marinheiro" (1797), em que são representados a culpa inconsciente e o remorso, e que constitui um complexo emocional da descrição de Wordsworth da alegria infantil.

Neste poema, a figura do poeta é cindida em duas personagens: O marinheiro e o convidado nupcial, e tem pouco a ver com a ideia sentimental do poeta que "avança e cavalga sobre cada respiro da Fantasia"; é um poeta perseguido pelo "Furacão tirano e potente" das emoções.

A viagem do marinheiro representa, em certo sentido, o <u>sonho</u> ou a <u>condição interna do convidado</u>, que é o que o impede de entrar na igreja, para celebrar o "<u>matrimônio dos objetos internos</u>".

O marinheiro conhece intuitivamente: "o homem que deve escutar-me" e o entretém com seu "olho ardente", até que o convidado tenha interiorizado seu relato, descobrindo que somente a porta do noivo o separa de seu estado espiritual.

The Rime of the Ancient Mariner *(A balada do velho marinheiro)*

"The mariner, whose eye is bright,	*O marinheiro, cujo o olho é ardente*
Whose beard is age with hoar,	*Cuja barba branca pelos anos,*
Is gone: and now the Wedding-Guest	*Se foi: e agora o Convidado nupcial*
Turn'd from the bridegroom's door.	*Se afastou da porta do noivo.*
He went like one that hath been stunn'd	*Ele se afastou como um homem que foi [abalado,*
And is of sense forlorn." (VV618-623)	*E seu julgamento é confuso."(VV618-623)".*

Ele está "abalado" diante de revelações que dizem respeito a ele mesmo e à sua atitude os guias diante da criatividade, os guias espirituais da sua vida interior. No início a noiva aparece como uma figura que suscita apreensão ao entrar na sala, com seus movimentos, em modo semelhante ao "Pesadelo da Vida-em-Morte" em que se transforma, no meio do poema.

"The bride hath paced into the hall,
Red as a rose is she;
Nodding their heads before her goes
The merry minstrelsy." (VV 33-36)

"A noiva entrou na sala,
Vermelha como uma rosa,
Curvando suas cabeças diante dela,
Vão os alegres menestréis."(VV 33-36)

Quase imediatamente o seu rítmico caminhar se transforma naquele do Furacão que varre o navio cheio de homens diante do convidado.

"And now the Storm-blast came, and he
Was tyrannous and strong:
He struck with his o'ertaking wings,
And chased us south along.

With sloping masts and dipping prow,
As who pursued with yell and blow

Still treads the shadows of his foe,
And forward bends his head,
The ship drove fast, loud roar'd the blast,
And southward aye we fled."
(VV 41-50)

"E agora chegou o Furacão,
E ele era violento e forte:
Golpeou com suas asas arrebatadoras
Empurrando-nos mais ao Sul

Com os mastros dobrados, a proa semi-submersa,
O navio continuava como quem,
*   [perseguido a golpes e gritos,*
Pisa ainda a sombra do inimigo
E dobra a cabeça para frente,
Rugia forte então o furacão, o navio
*   [desembestava,*
E sempre para o Sul nos corríamos."
(VV 41-50)

O navio, corpo do poeta, é perseguido por forças que geram apreensão, ainda não punitivas, mas que derramam golpes e gritos, como um menino diante de acesso de ira de um adulto. Sugere-se repetidamente uma calma quando "montanhas de gelo vieram ao encontro", vozes provenientes dos tumultos expressam-se, mas falam uma linguagem que resulta incompreensível.

"The ice was here, the ice was there,	*" Gelo aqui, gelo acolá,*
The ice was all around:	*Gelo por todo lugar;*
It crack'd and growl'd, and roar'd and howl'd,	*Crepitava e rosnava, rugia e uivava,*
Like noises in a swound!" (VV 59-62)	*Como sons num delírio!"(VV 59-62)*

Destes sons primitivos e pagãos emerge o Albatroz como uma alma cristã que parece conter os clamores tempestuosos e infantis, com sua moldura de sincera piedade, que guia os marinheiros através do gelo, Albatroz que todos os dias, por nove noites, vem para o alimento e o jogo, pousando no mastro, alinhado com os icebergs.

Esta imagem de uma fase inicial do desenvolvimento psíquico e poético cai em pedaços quando o Albatroz é trespassado.

O marinheiro não havia percebido sua dependência da vida do Albatroz, presumindo que fosse este a depender dele, um mal entendido infantil com respeito à mãe poética. Após este equívoco reaparece o Furacão, nas vestes do primitivo Deus-Sol, e paralisa o navio "no oceano pintado", na direção do mastro onde o Albatroz habitualmente se empoleirava.

"All in a hot and copper sky,
The bloody Sun, at noon,
Right up above the mast did stand,
No bigger than the Moon.

Day after day, day after day,
We stuck, not breath nor motion;
As idle as a painted ship
Upon a painted ocean

Water, water, everywhere,
And all the boards did shrink;
Water, water, everywhere
Nor any drop to drink."
(VV 111-122)

"Tudo num tórrido céu de cobre,
O sol de sangue ao meio-dia
Erguia-se a prumo sobre o mastro
                     [principal
Não maior que a Lua.

Dia após dia, dia após dia,
Estivemos sem sopro de vento, nem
                     [movimento;
Parados, como um navio pintado
Num oceano pintado.

Água, água por toda a parte,
E todas as tábuas se contraem
Água, água por toda a parte
Mas nem uma gota para beber.
(VV 111-122)

Na parte central deste poema há uma expressão genial e simbólica da condição mental antissimbólica que impede a mente de ter o matrimônio interno dos opostos, que constitui a inspiração. Coleridge intui o remédio, mas é perigoso que haja, antes de tudo, um confronto com "o pesadelo da Vida- em –Morte" que a noiva e o Albatroz encarnaram em sua imaginação.

"Her lips were red, her looks were free,
Her locks were yellow as gold:
Her skin was as white as leprosy,
The Nightmare Life-in-Death was she,
Who thicks man's blood with cold.

"Ela tinha os lábios carmim e os olhos
                     [lascivos...
Cabelos loiros como o ouro,
Sua pele branca feito leprosa ;
O Pesadelo, Vida-em-Morte era ela,
Que enregela o sangue dos homens.

The naked hulk alongside came, *À medida que a nua carcaça avançava*
And the twain were casting *Os dois jogavam os dados;*
dice;"(VV190-1996) *(VV190-1996)*

O conceito antigo de "Vida-em-Morte" representou para Coleridge a mais dolorosa das alternativas, mas a mais fecunda para alma, que ele equiparou à vida eterna da religiosidade. Em certo sentido a Vida-em-Morte representa o objeto de busca da alma, e a experiência essencial da vida imaginativa. Após a revelação oferecida pelo navio espectral, o marinheiro vê o Albatroz sob outra luz, espiritualizado na figura da "Lua instável".

The moving Moon went up the sky, *A móvel Lua subia ao céu*
And nowhere did abide; *Sem parar em nenhum lugar;*
Softly she was going up, *Levemente ela subia*
And a star or two besides (VV263-266) *Uma ou duas estrelas ao lado. (VV263-266)*

O poeta marinheiro separou-se de suas fontes de nutrição espiritual, por causa de seu crime de onipotência. Sua mente se tornou árida, "as tábuas do navio se contraíram". Ele se encontra imobilizado dentro de uma condição de falsa poesia, um universo antissimbólico de capa artificial que substitui ou cobre a vida.

O luar da lua transfigura- se nas serpentes da água, tão horrendas: primeiro na sombra do navio, e depois em seu interior.

Within the shadow of the ship	*Entre a sombra do navio*
I watch'd their rich attire:	*Sua rica vestimenta eu olhava:*
Blue, glossy green, and velvet black,	*Azul, verde claro, veludo negro;*
They coil'd and swam; and every track	*Encolhiam-se nadando; e cada esteira*
Was a flash of golden fire.	*Era um clarão de fogo dourado.*
O happy living things! No tongue	*Oh, felizes coisas viventes! Não há língua*
Their beauty might declare:	*Que possa dizer de sua beleza:*
A spring of love gush'd from my heart,	*Um ímpeto de amor jorrou-me do coração,*
And I bless'd them unaware:	*E sem compreender eu as abençoava:*
Sure my kind saint took pity on me,	*Com certeza meu santo protetor*
And I bless'd them unaware.	*[apiedou-se de mim,*
(VV277-287)	*E sem compreender eu as abençoava.*
	(VV277-287)

O jogo de luz traça a linha da identificação que foi restaurada, entre o poeta e sua fonte de inspiração, a lua que transforma a sombra árida e ardente em um vital mundo interior de luzes resplandecentes e fontes. Quando se vê o feio transformar-se em belo e é reintegrada a visão da poesia e da beleza, o aspecto de "nua carcaça" é exorcizado e representado pelo cadáver do Albatroz que cai a pique no mar.

Este não é o fim, mas o início do conto do marinheiro; a assimilação do sonho pelo Convidado e sua sensação de ter sido afastado da Câmara Nupcial de seus desejos internos, pode representar, talvez, o início de uma nova história narrada com sinceridade e não de modo onipotente.

Para Coleridge o processo do autoconhecimento representa o oposto do processo egocêntrico; a mente "se torna" suas próprias ideias, tornando-se uma extensão do seu próprio ser. A poesia dá forma ao desconhecido, que constitui uma parte latente de nosso ser, de modo que nós passamos a nos identificar com ele, e ele conosco.

O verdadeiro pensar é produto da imaginação e de um modo de ser (de vir a ser); nisto consiste a ideia do crescimento orgânico e mental para Coleridge.

A imaginação representa aquela condição da mente que cria, não apenas obras de arte, mas a si mesma; a imaginação permite operar em seu interior e dar forma à própria identidade.

Tal discurso nos leva a considerar o problema da formação dos símbolos de que Coleridge se ocupou ao longo dos anos.

"Quando a imaginação, em seu laboratório, dá ao" etéreo nada "uma moradia e um nome, e elabora a essência introduzindo-o (o etéreo nada) na existência, assistimos à produção de símbolos.".

Coleridge sublinhou que "uma ideia, no sentido mais elevado da palavra, só pode ser expressa mediante um símbolo". Os símbolos representam a evidência concreta da comunicação existente entre o si mesmo e suas divindades internas que moram nos reino das ideias, um reino diferente que só pode operar através da imaginação.

Os símbolos representam a linguagem da imaginação e o alimento da mente, porque têm em seu interior as ideias que constituem os pré-requisitos da própria mente, tornando possível uma condição de crescimento contínuo.

O "Manual do Estadista", escrito contemporaneamente à "Biografia", contém, segundo Meg Williams, as mais claras descrições do modo em que operam os símbolos. Coleridge inicia fazendo uma distinção entre a coisa real e o seu análogo, ou seja, os símbolos, as alegorias, etc. A mente, diz Coleridge, não faz nada mais do que produzir sistemas de signos e, em sua "cegueira de auto-complacência", é incapaz de perceber que não são símbolos mas "um produto falsificado da compreensão mecânica", que é condenada à desidratação espiritual como o marinheiro (da Balada), quando sua garganta estava "seca como a poeira", e era incapaz de beber a água da fé, que "se torna uma fonte em seu interior que, jorrando, toca a vida interna."

Não é o Si mesmo (self) que dá origem ao símbolo, mas a <u>fonte da fé</u> ou a <u>luz da razão</u>, aquele reino de recursos com quem o <u>Si Mesmo</u> (self) está ligado organicamente quando incorpora uma "parte vivente" desta fonte na estrutura, em evolução, da mente.

Para Coleridge a característica essencial de um "símbolo" não pode ser separada de sua visão do crescimento mental. O símbolo contém aquela parte do conhecimento que é incorporada organicamente como uma nova parte da estrutura mental, conservando as ligações com a própria fonte e, consequentemente, o potencial para o futuro desenvolvimento.

A imaginação dá origem a um sistema de símbolos que se assemelham àqueles pequenos meninos de Jerusalém, imaginados por Blake, que emanam da mente eterna, mas Coleridge se mostrou muito mais explícito em relação ao princípio da progressão e à complexidade das identificações internas.

Para ele, uma característica fundamental da mente progressiva é o espaço a ser conhecido somente pelo desconhecido; Coleridge estava fascinado por conhecer as condições que deveriam prevalecer para permitir à mente explorar seu mistério e se desfazer das estruturas internas tirânicas, como as ideias fixas e a consciência dedicada às recordações.

Coleridge pôs o acento na simbolização mais do que na verbalização; ele dizia que a verbalização consiste numa manipulação de indicadores fixos, enquanto a simbolização (mesmo verbal) representa o conteúdo imaginativo de uma ideia viva.

O poder só é ativo quando é constituída uma relação entre forças dialéticas, emoções contrárias (como no matrimônio dos opostos de Blake) ou através daquela relação projetiva-introjetiva entre o Self e seus objetos, tal como Coleridge deixaria entrever e como foi descrito no início deste texto.

Postulando a poesia como um princípio de ação mental, e não simplesmente como uma disciplina verbal, Coleridge coloca-a como sendo a chave para entender a autenticidade ou a artificialidade de uma relação. Se uma experiência ou uma modalidade de percepção é poética, modelada pela imaginação, esta promove o crescimento irradiado pela razão (expressão preferida de Coleridge) que conduz "ao homem como ser progressivo". Do contrário, aquela modalidade de percepção pertence à esfera da fantasia mecânica ou àquela da compreensão não-irradiada, que depende de entidades fixas e definidas, sendo uma reordenação e não um crescimento e uma transformação, que em si não é inútil, mas está sujeita a ser mal usada e a se tornar uma progressão morta.

A poesia desperta a mente do torpor de seus Supostos Básicos e a faz "abrir os olhos e avançar". (15)

"A Grande Casa com muitas moradas" é a bela metáfora da vida mental proposta por Keats.

Em carta a Reynolds (13/05/1818) ele escreve:

(...) Comparo a vida humana a uma grande casa com muitas habitações, só duas das quais posso descrever, porque as portas das outras estão ainda fechadas para mim. A primeira habitação na qual entramos chamo "Câmara da Infância ou da Inconsciência", onde permanecemos até que começamos a pensar.

Permanecemos ali por longo tempo, e embora as portas da Segunda Câmara estejam abertas e tenham uma aparência convidativa, não temos pressa, e imperceptivelmente somos levados a ela, por fim, ao despertar em nós "o principio do pensamento"; e mal entramos nesta Segunda Câmara, a que chamo de "A Câmara do Pensamento Virginal", a luz e o ar nos inebriam e não vemos senão delicias e maravilhas, e pensamos em ficar ali para sempre, felizes. Mas um dos efeitos tremendos por ter respirado aquele ar é que nosso olhar se tornou tão apurado, que agora vê dentro do coração e da natureza do homem, e nos convence que o mundo é cheio de miséria e desgosto, de dor, de doença e de angustia, e então pouco a pouco esta Câmara do Pensamento Virginal se escurece e, ao mesmo tempo, sobre todas as paredes abrem-se portas, mas todas escuras, todas levando a vestíbulos escuros. Não se vê uma proporção de bem ou de mal. Estamos na nevoa. Estamos agora nesta condição. Sentimos o "peso do Mistério" (16).

É nesta condição de névoa e de mistério que Keats, diz Meg H. Williams, ao estreitar as relações com seu mundo interno, conseguiu "continuar a pensar". A Câmara do Pensamento Virginal encontra-se no centro da grande casa da mente e todas as portas podem ser abertas somente a partir desta. O êxtase inicial do Pensamento Virginal comunica o primeiro grande encontro de Keats com a poesia, que "atravessou seu conhecimento" como um novo planeta.

Meg Harris Williams vê o mundo da poesia de Keats habitado por deuses e poetas divinos, cujas identidades fazem pressão sobre aquela do poeta e parecem ter representado um fator chave para a sua capacidade de continuar a pensar e para o progressivo distanciamento de si próprio, permanecendo fiel ao "Gênio da Poesia" entendido com principio interno (...) "o que é criativo deve criar a si próprio". (17)

Como essa orientação mental em que o que é criativo cria a si próprio, a função do Si.

Mesmo consiste em "intuir" e observar as manifestações internas do gênio da poesia, o princípio do pensamento, causado pelo "Ser eterno, o Princípio da Beleza e da Memória dos grandes Homens." (18).

O modelo do pensamento criativo de Keats consiste em "sermos assimilados ao mundo do objeto estético" e depois devolvidos a um Si Mesmo mudado, cuja identidade possui novos confins. "As dificuldades temperam o Espírito do Homem e fazem com que nossas mais Altas Aspirações sejam um Refúgio ao mesmo tempo em que são uma paixão ", diz Keats, configurando o que entende como sendo o fundamento de seu" Vale-de-Fazer-a-Alma."

A urna grega, a árvore do rouxinol, o bosque da Psique, o vale de Saturno (Hiperion) são todos símbolos de novos mundos potenciais, que conduzem para fora da Câmara do Pensamento Virginal.

Keats possuía uma incomparável capacidade de interiorizar a experiência dos antepassados poéticos; estes faziam parte de seus objetos internos ou divindades mentais; ele fez de suas simbolizações alimento para o seu pensamento, e para o seu "verso essencial". Os axiomas em filosofia não são axiomas até que os vivenciamos em nós mesmos.

Keats tornou-se saqueador da beleza que os poemas dos antepassados personificavam e através dos quais ele entendia dar consistência à própria identidade poética.

Compreende-se daí a equivalência beleza-verdade, cuja expressão mais famosa está contida nos últimos versos de "Ode on a Grecian Urn": (19).

"Thou shalt remain, in midst of other woe
Than ours, a friend to man, to whom thou say'st,
'Beauty is truth, truth beauty', - that is all
Ye know on earth, and all ye need to know."
["Tu hás de permanecer, no meio de outras desgraças

Que não as nossas, um amigo para o homem a quem dizes,
' A beleza é verdade, a verdade, beleza' – isso é tudo
O que sabes na vida, e tudo o que precisas saber"]

Keats considerou sempre o <u>sentido da beleza</u> como aquele primeiro passo que leva a reconhecer a riqueza de qualquer experiência potencial formativa da mente. No conceito de beleza ele incluía uma variedade de sensações complexas, como a dor, a feiúra, a cegueira, etc. A ideia de Beleza representa o coração de todos os outros <u>princípios críticos de Keats</u>: "a intensidade", "<u>a capacidade negativa</u>", "o desinteresse", "a sábia passividade", "a abstração", "a comunhão com a essência".

A "Beleza Essencial", aquela beleza que é verdade, é algo a ser <u>criado no olho do observador</u>, na sua interioridade e, como descreveu em outra metáfora de Fazer-a-Alma, na <u>Aranha que tece sua teia</u>:

"Memory should not be called knowledge-Many have original Minds who do not think it- they are led away by Custom-Now it appears to me that almost any Man may like the Spider spin from his own inwards his own airy Citadel-the points of leaves and twigs on which the spider begins her work are few and she fills the Air with a beautiful circuiting: man should be content with as few points to tip with the fine Webb of his Soul and weave a tapestry empyrean-" (20)

[*"A Memória não deveria ser chamada de conhecimento. Muitos, <u>sem o saber, têm mentes originais</u>, e são marginalizados pela opinião corrente. A mim me parece que qualquer um poderia, como a Aranha, tecer em seu interior a própria Cidadela feita de ar: as pontas das folhas e dos ramos sobre os quais a Aranha se apoia, no início são poucas, mas isto "enche o ar", com suas voltas circulares, de uma grande* *beleza. O homem deveria contentar-se com os poucos pontos de apoio sobre as quais fixa a fina Teia de sua Alma e tece uma trama ideal"].*

É o Espírito da Imaginação que dá a forma – moldura das tensões emocionais, delicadamente equilibradas entre dar e receber – da qual se desenvolve a "beleza essencial", a verdade que pode tornar grande cada mente.

" Several things dovetailed in my mind, & at once it struck me, what quality went to form a Man of Achievement especially in Literature & which Shakespeare possessed so enormously- I mean Negative Capability, That is when man is capable of being in uncertainties, Mysteries, doubts ,without any irritable reaching after fact & reason- Coleridge, for instance, would let go by a fine isolated verisimilitude caught from the Penetralium of mystery, from being incapable of remaining content with knowledge.

This pursued through Volumes would perhaps take us no further than this, that with a great poet the sense of Beauty overcomes every other consideration, or rather obliterate all consideration."(21)

["Muitas coisas, de uma vez, se uniram em minha cabeça, e entendi qual é a qualidade que é preciso ter para fazer um Homem de sucesso, em particular na Literatura, qualidade que Shakespeare possuía em grau máximo: pretendo dizer, a' Capacidade Negativa '.Isto é quando um homem é capaz de estar na incerteza, no mistério, na dúvida sem a impaciência de correr atrás dos fatos e da razão (...) num grande poeta o sentido da Beleza supera qualquer outra consideração, ou melhor, apaga o ato de considerar".]

Keats, mesmo considerando sua formulação como uma ampliação daquela de Coleridge, encontra neste uma sistematização prematura, por não implicar a "beleza", e acredita que Coleridge recolheu-se diante dos aspectos essenciais, aterradores ou desagradáveis, consequentes á ideia de "Beleza", e os substitui pela "razão", que para Keats não é suficiente como guia supremo na intimidade do mistério.

Para Keats o "senso de Beleza", elaborado em resposta ao olho de aranha do observador, que tece em sua escura Câmara do Pensamento Virginal, representa a força-guia do princípio de pensar.

Somente em resposta à "Beleza" a mente pode harmonizar suas tentativas de explorar os pontos que sustentam a tela do mistério de seu ser, em que esta descobre uma congruência simbólica.

O mundo que para Keats é o "Vale-de-fazer-a-Alma", ele descreve-o como "inteligências ou fagulhas da divindade" que ocorrem universalmente e vêm para "adquirir identidade e se tornar almas", "cada um com sua individualidade". É o mito pessoal de Keats, criatividade da mente, ou "criação do espírito". E para esclarecer este sistema de criação Keats escreve "Ode à Psique", que, como as outras odes está ligada à questão da criatividade.

Nesta "Ode à Psique" Keats reconhece que uma deusa pagã tinha sido "negligenciada" e que ele é o cavalheiro que irá salvá-la.

A deusa da mente é descoberta, não enquanto amante, mas "cantando" os seus segredos. Nesta Ode abrem-se as cortinas que escondiam a casa da alma, revelando a fonte do princípio do pensamento: a visão da beleza.

Ode to Psyche (Ode à Psique)

O Goddess! Hear these tuneless [numbers, wrung	Oh, Deusa! Ouça esta cadência [dissonante retorcida,

By sweet enforcemen tand remembrance
                                [dear,
And pardon that thy secrets should be sung
Even into thine own soft-conched ear;
Surely I dreamt to-day, or did I see
The winged Psyche with awaken'd eyes?

Por uma doce pressão e querida
                           [lembrança,
E perdoa que os teus segredos venham
                           [a ser cantados
Mesmo que na macia concha de tua
                           [própria orelha;
Decerto hoje sonhei – ou em verdade eu vi
A alada Psique com olhos despertos?

Os olhos despertos do poeta representam as portas purificadas da percepção, separadas da realidade de todo dia, através da desorientação inicial diante da visão que aparece como um "sonho", sendo que tal revelação é complemento do tormentoso trabalho emocional que está por detrás.

As névoas do Pensamento Virginal se rarefazem diante da luz da deusa não virgem, cuja história é iluminada pelos olhos despertos e "inspirados" do poeta:

"O latest born and loveliest vision far
Of all Olympus faded hierarchy!
Fairer than Phoebe's sapphire-region'd star
Or Vesper, amourous glow-worm of the
                                  [sky;
Fairer than these, thought temple thou
                              [hast none,

"Oh, visão última nascida, e a mais
bela assaz
de toda a esmaecida hierarquia do Olimpo!
Mais bela que a estrela de Febo
                       [cercada de safira,
Ou Vésper, o amoroso pirilampo do céu;
Mais bela do que estas, embora templo
                             [não tenhas,

Nor altar heap'd with flowers;
Nor virgin- choir to make delicious moan
Upon the midnight hours."

Nem altar cheio de flores;
Nem coro de virgens que façam
                [o lamento suave
Nas horas da meia-noite."

A "esmaecida hierarquia" do Apolo Olímpico, que representou para Keats o deus da poesia, e que se havia negado a morrer em vida (Hiperion), transfere aqui toda a sua riqueza sensual à nova Deusa ou Musa. Mas a riqueza intrínseca da deusa vale muito mais que todas aquelas qualidades transmitidas como "atributos negativos": o poeta compreende que para poder realmente interiorizar a visão e tornar Psique a divindade de sua alma é preciso que seja feita a transferência da dúvida para a certeza de uma visão:

"I see, and sing, by my own eyes
                [inspired.
So let me be thy choir, and make a moan
Upon the midnight hours;
Thy voice, thy lute, thy pipe, thy incense
                [sweet
From swinged censer teeming;
Thy shrine, thy grove, thy oracle, thy heat
Of pale-mouth'd prophet dreaming."

"Eu vejo, e canto, com meus próprios
                [olhos inspirado
Assim, deixa que eu seja o teu coro,
produza o lamento
Nas horas da meia-noite;
A tua voz, o teu alaúde, a tua flauta,
                [o teu incenso delicioso
Que jorra do incensário balouçante;
O teu relicário, o teu bosque, o teu
oráculo, o teu ardor
De profeta sonhante de pálida boca."

Imagens Oníricas e Formas Poéticas
Um Estudo da Criatividade

Assim alcançada à reciprocidade estética, Psique torna-se um símbolo para o seu mundo interno, cuja beleza pode aproximar com cadencias que já não são dissonantes já que simbioticamente ligados com suas fontes imaginativas.

É o padrão de reciprocidade que liga a Teia do poeta-aranha ao modelo etéreo de seu mundo interno.

A "Ode à Psique" constitui, então, a representação simbólica do sistema da criação do espírito de Keats, em que zonas desconhecidas

"Yes, I will thy priest, and build a fane	*"Sim, quero ser o teu sacerdote,*
	[e construir-te um templo
In some untrodden region of my mind,	*Em alguma inexplorável região*
Where branched thoughts, new grown with pleasant pain,	*[de minha mente,*
	Onde brotos de pensamentos,
Instead of pines shall murmur in the wind:	*[recém-nascidos com dor prazerosa*
Far, far around shall those	*Em vez de pinheiros sussurrem ao vento;*
[dark-cluster'd trees	*Longe, longe ao redor, aquelas árvores*
	[em negros cachos
Fledge the wild-ridged mountains steep	*Emplumarão, passo a passo,*
[by steep;	*[as montanhas de aresta selvagem;*
And there by zephyrs, streams, and birds, and bees,	*E lá por safiras, riachos, aves e abelhas*
	As Dríades deitadas sobre os musgos
The moss-lain Dryads shall be lull'd	*[serão ninadas até dormir*
[to sleep;	*E no meio desta ampla quietude*
And in the midst of this wide quietness	*Adornarei um santuário rosado.*
A rosy sanctuary will I dress	*Com a pérgula enguirlandada de um*
With the wreath'd trellis of a workink brain, (...)"	*[cérebro ativo (...)"*

da mente passam a ser fecundadas e unidas num modelo complexo de tensões e identificações emocionais, sob a égide de um implícito princípio de beleza que, por fim, consentirá a cada fagulha de identidade adquirir uma "própria individualidade". A mente (o self) se nutre e cresce por meio deste processo contínuo, em que não apenas esta, mas também seus objetos internos, passam a ser regenerados como novas estrelas resplandecentes, capazes de conservar a essência de sua beleza.

O trabalho intenso que Keats teve com suas relações internas em busca da beleza da verdade o tornou o maior poeta romântico inglês.

Para ele "aprender poesia" e "Fazer - a - Alma" eram a mesma coisa.

*   *   *

Na produção de um mesmo autor é possível acompanhar uma evolução de seu próprio modelo de mente, como é o caso da obra de **Eugênio Montale**. Em sua primeira coletânea "Ossi di Seppia" nos deparamos com **uma relação do poeta com o conhecer**, o vinculo K, que depende principalmente de "estar diante de objetos concretos" e registrá-los sensorialmente.

Nos poemas de *Ossi di Seppia* ele revela sentir-se aprisionado por muros e redes que ele vê como impedimentos para alcançar "verdades". Tal atitude predomina nessa coletânea e o poeta serve-se da paisagem terrestre para expressar seu próprio enclausuramento e o sentimento de aridez de sua mente. Embora, ainda, em a *OS* existam momentos em que o conhecer reside na possibilidade de imaginar, é em *LeOccasioni*" que sua imaginação, como modo de conhecer o objeto, se torna manifesta. No poema *I Limoni, (OS)* a "abertura" significa desvendar o objeto, mediante a intrusão, para conhecê-lo: *l'anello che non tiene, / il filo da disbrogliare che finalmente ci metta / nel mezzo di una verità.* [o elo que não segura, / o fio a desembaraçar que finalmente nos ponha / no meio de uma verdade.]

O conhecimento do objeto, segundo a psicanálise, dá-se não por intrusão dentro do objeto, mas sim por sua incorporação (internalização), o que permite conhecê-lo graças a um trabalho imaginativo (função alfa).

Nos poemas de *OS* o poeta se debate para se libertar ao mesmo tempo em que tem medo de desprender-se de suas raízes, como em *L'agave su lo scoglio (OS)*, em que seu tormento personifica-se numa planta:

> *ora son io / l'agave che s'abbarbica al crepaccio / dello scoglio / e sfugge al mare da le braccia d'alghe* [sou eu agora / a agave que se agarra à greta / do escolho / e foge do mar de braços d'algas].

Em *Crisálide (OS)* manifesta-se seu desalento diante da impossibilidade de se libertar:

> *e noi andremo innanzi senza smuovere/ un sasso solo della gran muraglia; / e forse tutto è fisso, tutto è scritto, / e non vedremo sorgere per via / la libertà, il miracolo, / il fatto che non era necessario!* [e adiante iremos sem um único seixo / deslocar do grande muro; / quem sabe tudo é fixado, tudo é escrito, / e não veremos surgir pela estrada / a liberdade, o milagre, / o fato que não era necessário!].

Sair da inconsciência e ir para o conhecimento é um trajeto com idas, que avançam em penumbras aterradoras, e retornos, que constituem um tormento. Seguindo a metáfora de Keats – que compara a vida humana a uma grande casa, com muitas habitações, só duas das quais podem ser descritas, porque as portas das outras estão ainda fechadas – o eu lírico de Montale se debate para se libertar e busca uma "abertura na rede", uma passagem (barco) para fugir da prisão, parecendo descrever o nascimento do pensar, do conhecer, por um movimento rumo ao desconhecido, para um novo tempo e um novo espaço – metáforas de expansão da condição psíquica do conhecer e do vir-a-ser.

A libertação, o milagre desejado leva o poeta a um segundo nível de funcionamento mental, em que o conhecimento e o pensamento são obtidos mediante uma "ocasião", um instante privilegiado. A revelação nem sempre tem sentido positivo, às vezes, tem aspectos mais aterradores que gratificantes:

> (...) / *rivolgendomi, vedrò compirsi il miracolo: / il nulla alle mie spalle, il vuoto dietro / di me, con un terrore ubriaco* [(...) / volvendo verei cumprir-se o milagre: / o nada às minhas costas, o vazio atrás / de mim, com um terror de bêbado.] *Forse un mattino andando (OS).*

Entrar neste segundo nível de funcionamento não é só atraente, como também angustiante, pela escuridão e pela névoa:

> *Ci muoviamo in un pulviscolo / madreperlaceo che vibra / in un barbaglio che invischia / gli occhi e un poco ci sfibra.* [Nos movemos numa poeira / de madrepérola que vibra / num lampejo que confunde / os olhos e um pouco nos estafa] *Non rifugiarti nell'ombra (OS).*

Como continuar o caminho nesta condição, sem referenciais externos?

Os versos que seguem são uma bela metáfora para indicar uma etapa mais avançada do funcionamento mental, que utiliza a imaginação para conhecer, servindo-se dos objetos internos, na ausência dos objetos concretos externos (o sensóriais): *La vita che dà barlumi è quella che sola tu scorgi [A vida que dá indícios / é aquela que só tu vislumbras.] Il Balcone (OC):*

Il balcone (O balcão)

Pareva facile giuoco	*Parecia fácil jogo*
mutare in nulla lo spazio	*mudar em nada o espaço*
che m'era aperto, in un tedio	*que havia aberto, em um tédio*
malcerto il certo tuo fuoco.	*incerto o certo teu fogo.*
Ora a quel vuoto ho congiunto	*Àquele vácuo juntei*
ogni mio tardo motivo,	*cada meu tardo motivo,*
sull'arduo nulla si spunta	*no árduo nada desfaz-se*
l'ansia di attenderti vivo.	*a ânsia de esperar-te vivo.*
La vita che dà barlumi	*A vida que dá vislumbres*
è quella che sola tu scorgi.	*é aquela que só tu avistas.*
A lei ti sporgi da questa	*A ela te inclinas desta*
finestra che non s'illumina.	*janela que não se ilumina.*

Conclusão:

Como vimos até agora, a concretude da realidade psíquica sempre foi dominante na consciência poética. E todos os poetas que consideramos em nosso estudo até agora, definiram o pensamento criativo como algo inseparável do autoconhecimento e do conhecimento da alma humana.

Incluímos aqui, entre eles, o poeta de nossa escolha para o estudo da criatividade poética,

Eugenio Montale. Ele fala por exemplo no "Eu - transcendental", a instância que cria, o que corresponde aos "objetos internos" do modelo psicanalítico. O pensar criativo sempre foi distinguido, pelos poetas, das formas imitativas de pensamento, comunicadas por capacidades verbais que são veículos de inautenticidade.

Para as autoras de "A Câmara do Pensamento Virginal" a dicotomia entre a onipotência egoística, a grandiosidade e o aprender da experiência emocional guiado pelos objetos internos, constitui o fundamento do modelo literário da mente. O que não há é dicotomia entre pensar e sentir, ambos contribuindo para a evolução interna das ideias da mente através de um meio simbólico, o que nos reportou a Coleridge "uma ideia não pode ser comunicada a não ser por um símbolo".

A sabedoria se alcança somente com a imaginação que consente ao ser "ver dentro", "onde há coisas invisíveis para a vista mortal" diz Milton.

A mente, como já vimos em Keats, é "a própria casa da alma", um mundo autônomo onde a criatividade cria a si própria, o que Bion descreveu como mente simbólica em seu modelo epistemológico da mente.

Os poetas sempre reconhecem que o dom de sua visão pertence à Musa – que vive nas divindades internas (objetos internos) – visão esta que se realiza pelas palavras dos poemas. É a linguagem concreta do símbolo que se revela em suas palavras. A linguagem concreta do símbolo que se revela decisiva no processo de comunicação da ideia.

A Musa inspiradora representa o poder de gerar símbolos e deve-se entrar em relação com ela cada vez que se escreve um poema.

O poema então, não pode surgir da onipotência do ser, da ilusão de conhecer todas as coisas e de controlar o próprio destino. O poema nasce e expressa o centro da vida mental, e suas fontes de criatividade são as "divindades", ou os objetos internos.

Vemos, através dos poetas, a mente criando a si mesma por meio de uma rede dinâmica de tensões psíquicas e dando forma a um modelo de mente que nos faz participantes da reconstrução de nosso mundo, em sua totalidade.

Notas:

1 - Klein, M. "Notas sobre alguns mecanismos esquizóides" In: Desarrollos en Psicoanalisis. Buenos Aires, Hormé , 1971

2 – Bion, W. Aprendiendo de la Experiência. Buenos Aires, Paidos, 1975.

3 – Melzer, D. "Além da consciência". In: Revista Brasileira de Psicanálise, São Paulo, Vol XXVI n° 3, p.404.

4. ibid p. 406

5. ibid p.406

6 – Meltzer, D. The Apprehension of Beauty, UK, The Clunie Press, 1998.

7 – Op cit p. 27.

8 – Williams, M. H, e Waddell, M. The Chamber of Maiden Thought. London and New York , Routledge, 1991. (Trad. It. La stanza del pensiero verginale. Roma, Di Renzo, 1996).

9 - Williams, M. H, e Waddell, M. The Chamber of Maiden Thought. London and New York , Routledge, 1991. (Trad. It. La stanza del pensiero verginale. Roma, Di Renzo, 1996).

10- Williams, M. H, e Waddell, M. The Chamber of Maiden Thought. London and New York , Routledge, 1991. (Trad. It. La stanza del pensiero verginale. Roma, Di Renzo, 1996).

11- Williams, M. H, e Waddell, M. The Chamber of Maiden Thought. London and New York , Routledge, 1991. (Trad. It. La stanza del pensiero verginale. Roma, Di Renzo, 1996).

12 Williams, M. H, e Waddell, M. The Chamber of Maiden Thought. London and New York , Routledge, 1991. (Trad. It. La stanza del pensiero verginale. Roma, Di Renzo, 1996).

13- Williams, M. H, e Waddell, M. The Chamber of Maiden Thought. London and New York , Routledge, 1991. (Trad. It. La stanza del pensiero verginale. Roma, Di Renzo, 1996).

14- Williams, M. H, e Waddell, M. The Chamber of Maiden Thought. London and New York , Routledge, 1991. (Trad. It. La stanza del pensiero verginale. Roma, Di Renzo, 1996).

15- Williams, M. H, e Waddell, M. The Chamber of Maiden Thought. London and New York , Routledge, 1991. (Trad. It. La stanza del pensiero verginale. Roma, Di Renzo, 1996).

16- Williams, M. H, e Waddell, M. The Chamber of Maiden Thought. London and New York , Routledge, 1991. (Trad. It. La stanza del pensiero verginale. Roma, Di Renzo, 1996).

17- Williams, M. H, e Waddell, M. The Chamber of Maiden Thought. London and New York , Routledge, 1991. (Trad. It. La stanza del pensiero verginale. Roma, Di Renzo, 1996).

18- Williams, M. H, e Waddell, M. The Chamber of Maiden Thought. London and New York , Routledge, 1991. (Trad. It. La stanza del pensiero verginale. Roma, Di Renzo, 1996).

19- Keats, J. Selected Potry, Oxford U.P., 1994.

20- Williams, M. H, e Waddell, M. The Chamber of Maiden Thought. London and New York , Routledge, 1991

21- Williams, M. H, e Waddell, M. The Chamber of Maiden Thought. London and New York , Routledge, 1991

Capitulo II

A criatividade vista pela Psicanálise

Algumas considerações históricas

Sigmund Freud, na "Interpretação dos Sonhos" (1900), descreve alguns mecanismos através dos quais o sonho é criado, abrindo caminho à investigação científica sobre a criatividade.

Até então, o processo criativo objeto de admiração e espanto, era atribuído à loucura, ao destino, ao acaso, à providência divina. E não era estudado, por se entender desde Platão e Aristóteles, que o homem, animal racional, pensa segundo as leis da lógica e da matemática. O verdadeiro "criador" era quem manejasse perfeitamente as técnicas da dedução. O homem não pertencia à ordem natural das coisas – apenas seus processos corpóreos seguiam as leis naturais – mas não sua razão e vontade. Assim, só Deus poderia criar, o homem poderia apenas descobrir.

Essa metafísica tradicional foi superada com a descoberta do inconsciente que introduziu continuidade onde havia lacuna e estabeleceu-se então ligação entre o consciente e o inconsciente, o normal e o patológico, a criança e o adulto, o homem civilizado e o primitivo, o indivíduo e a espécie, o ordinário e o extraordinário, o humano e o divino.

Freud democratizou a criatividade: o insólito passou a ser entendido como um caso especial do usual, a obra do gênio passou a ser vista como um grau diferente "daquilo que dormia ou germinava" na mente do homem comum; a criatividade não estava mais limitada ao artista; não sendo mais definida a partir de um peculiar tipo de produto artístico passou a ser considerada uma capacidade que potencialmente todos podem ter.

Uma vez admitida a fonte criativa do inconsciente e aceitas as condições originais de cada indivíduo, o campo de pesquisa sobre a criatividade ampliou-se. Os alunos de Freud, para citar Otto Rank e Karl Abraham, tentaram dar respostas a questões que o próprio Freud considerava além das possibilidades; o impulso criativo, o talento, o gênio, o trabalho do artista, a avaliação da obra de arte passaram a ser foco de atenção dos seguidores.

No início, os trabalhos pretendiam provar a validade das descobertas freudianas sobre o inconsciente e mostravam que os artistas expressam em suas obras conflitos infantis profundos. A compreensão analítica adquirida através dos sonhos levou à descoberta de fantasias edipianas reprimidas e à sua expressão estética mascarada na arte. Rank demonstrou que os temas da literatura universal e dos contos de fada, das brincadeiras e outros produtos da imaginação são variações de poucos e fundamentais motivos entre os quais o incesto e os derivados do complexo de Édipo. Abraham estabeleceu uma relação mais estreita entre sonho e mito. Jones, com o ensaio sobre o simbolismo (1929), escreveu uma história da arte em trinta e cinco páginas, assim afirmou Gombrich. Inúmeros foram os trabalhos sobre o processo criativo na obra de arte, sua função para o artista e a relação entre o artista e o público.

Para E. Bergler [1], a criação literária não é expressão de desejos infantis, mas de defesas contra tais desejos, colocando as raízes do conflito na fase oral da libido.

Vários autores levados pela psicologia do Eu e pelas contribuições de Hartmann sobre a neutralização e sublimação da energia, consideraram a criatividade e a habilidade artística como funções autônomas do Eu. Greenacre, ao verificar os vários conceitos novos sobre a criatividade, estudou o processo de sublimação nas pessoas não-dotadas e dotadas, especialmente detendo-se na infância do "criador", enfatizando que o "romance familiar" tem particular importância para o artista e se manifesta frequentemente em sua obra.

Ernst Kris sistematizou os vários momentos do processo criativo, as fases de inspiração e de elaboração, procurando estabelecer diferenças entre a expressão artística da personalidade normal e do psicótico. Melanie Klein (1957) mostrou a tendência a reparar e recriar dentro e fora de si os objetos de amor, ameaçados de destruição em fantasia, colocando a origem da criatividade na posição depressiva e na culpa.

Evolução do conceito de criatividade

Hanna Segal (1964), alinhada com Klein, afirmou que o desejo de criar está enraizado na posição depressiva e a capacidade criativa depende de sua superação. Cada criação é uma recriação de um objeto amado, que foi perdido e estragado num mundo interno com um self despedaçado. A obra de arte é, para o artista, a forma mais satisfatória de aliviar o remorso e o desespero que nascem da posição depressiva e de reconstruir seus objetos destruídos. Reconhecer e expressar as fantasias e ansiedades depressivas é um trabalho semelhante à elaboração do luto. O artista recria internamente um mundo harmônico que é projetado em sua obra de arte.

Marion Milner (2) reconhece o significado inconsciente da atividade artística, mas acredita que a recriação seja uma função secundária da arte. A função primária é a de criar os objetos (em sentido psicanalítico): "criar o que nunca existiu, usando uma nova capacidade de percepção".

Janine C. Smirgel, em "Pour une psychoanalyse de l´art et de la créativité" (Payot, 1971), aponta os riscos que a psicanálise enfrenta ao aventurar-se no campo extraterapêutico, ao entrar nos problemas da forma e estilo artísticos, da função do ato criativo, da criação "autêntica" e "não autêntica", dos mecanismos de sublimação no trabalho do analista.

A psicanálise, segundo Janine, ao voltar-se para a compreensão dos fenômenos socioculturais encontra as mesmas resistências de outrora; falar das forças primitivas no artista, que agem nele como no homem comum ou neurótico, significa despi-lo de sua magia. E é intolerável para o narcisismo humano aceitar que os grandes criadores sejam regidos, como todos, por fatores infantis.

No entanto, reconstruir o trabalho do inconsciente, que faz brotar da sexualidade infantil os tesouros mais preciosos do homem, é tarefa que sempre fascinou tanto o analista como o artista.

Além dos obstáculos externos, apontados por Smirgel, a Psicanálise encontra dificuldades de caráter metodológico para estudar os fenômenos culturais, artísticos e de estilo. Entendemos que o que constitui a originalidade do "estilo" psíquico de uma pessoa não é o complexo de Édipo, mas a elaboração desse complexo e sua integração na personalidade.

O psicanalista entra em contato com o "estilo" psíquico original de uma pessoa durante o trabalho clínico e a constelação psíquica se revela do mesmo modo que o sonho revela o sonhador.

Para Smirgel, o problema da Psicanálise, da Arte e da Criatividade gira entorno do processo de sublimação. Não é suficiente descobrir as pulsões primárias – o objeto de sublimação – para percorrer a incógnita entre as pulsões primárias e suas manifestações em nível de criação artística. Existe uma atividade criativa, cuja função é a reparação do sujeito. Somente o ato criativo em que se conclui esta reparação comporta a sublimação. Assim, é possível pensar no valor de uma obra de arte como estritamente dependente da função que a obra tenha tido para o autor. Freud assinala dois tipos de sublimação em Leonardo da Vinci: a criação artística e a investigação científica. A criação artística de Leonardo foi resultado de um longo e doloroso caminho, levando à perfeição, mas também a obras que ele considerou incompletas. A criação científica parece não ter sofrido as mesmas inibições, o que levou Smirgel a pensar numa hierarquia dos atos criativos.

O conceito de reparação, introduzido por Klein em 1929 ("<u>Infantile Anxiety</u> - Situations in a Work of Art and in the Creative Impulse"), foi aplicado à compreensão do impulso criativo entendido como concomitante à posição depressiva. Este nasce da necessidade de reparar o objeto[3] perdido no momento em que ele é vivido em sua totalidade, quando os aspectos bons e maus do objeto são reconhecidos como um todo. Este reconhecimento põe o sujeito diante de sua ambivalência e leva-o a constatar a coexistência do "bem" e do "mal" dentro de si, dando origem ao sentimento de culpa. As ideias persecutórias não desaparecem e o indivíduo teme a retaliação (o revide) do objeto (o outro) a seus ataques. O medo e a culpa conduzem o sujeito a uma tentativa de restauração do objeto. O ato criativo, segundo Klein, constitui uma das modalidades privilegiadas da atividade reparativa.

A reparação do objeto, derivada do sentimento de culpa, é guiada em parte pelo superego que se opõe às pulsões sádicas e destruidoras.

Nessa perspectiva, o ato criativo e o ato reparativo se confundem e mais parecem formações reativas do que sublimações. Klein alude à função reparadora do ato criativo em relação ao sujeito, reparação esta intermediada pela reparação do objeto, visando extinguir a ameaça da lei do talião. É o Ego(4) que intervém no ato e não as pulsões do Id. Smirgel demonstra que o ato criativo pode ter origem no desejo de reparar o objeto, mas existe uma atividade criativa na qual o alvo perseguido é a reparação do próprio sujeito. As duas categorias de atos criativos se oporiam radicalmente. Somente o ato criativo cuja finalidade é a reparação do sujeito implica descargas pulsionais que configuram a sublimação.

A culpa conectada com o ato criativo deve-se à destruição do objeto no inconsciente. Não se trata de uma fusão em que sujeito e objeto formem uma unidade, mas de uma posição de alteridade: o indivíduo criativo vampiriza, se nutre do objeto. Se a criação assume no inconsciente o sentido de reparação do sujeito, é preciso que este assuma as próprias pulsões sádicas.

O ato criativo pode ter função reparadora ora do objeto, ora do sujeito e, neste caso, há certa superação da culpa.

Smirgel observa que o indivíduo criativo apresenta distúrbios somáticos que chegam à despersonalização, pois seu Eu revelou-se precocemente por uma brusca separação do não-Eu. A precoce maturação do Eu parece ter sido causada por frustrações ou traumas psíquicos muito intensos, ou mal dosados, que romperam muito cedo o universo fusional primário.

Em seu trabalho "Inveja e Gratidão" (1957), Melanie Klein dá seu último aporte à concepção de criatividade, dizendo que a relação com o seio da mãe é a fonte da vida. A manifestação criativa e o desejo de internalizar essa fonte de vida e identificar-se com ela – assegurando-se de ter integração e onipotência – é a base de toda a criatividade.

Uma visão atual da criatividade

A Psicanálise contribuiu com a crítica literária, propiciando novos meios e técnicas de investigação para a compreensão do fato artístico e da relação entre autor e obra. No campo da criação, possibilitou o conhecimento dos fatos psíquicos. Em "Ulisses" (James Joyce) o fluir das lembranças, as associações mentais que ocorrem em um dia qualquer de um homem qualquer são reconstruídas e significadas pelo autor. O surrealismo, na obra de Dalí, ao valorizar o inconsciente, abriu espaço aos componentes oníricos que têm em Freud sua referência.

A psicanálise, como toda ciência, está em contínua evolução e tem avançado na compreensão dos fenômenos ligados à simbolização, aos processos oníricos e ao pensar. Esse avanço deve-se à mudança da concepção de modelo de mente, que passou de hidrostático (Freud) a teleológico (Klein) para se tornar epistemológico (Bion). O distanciamento dos modelos de mente da ciência tradicional (positivista) possibilitou o estudo da "passagem misteriosa" da experiência emocional à sua representação, que a ciência psicanalítica tem dividido com a arte, a filosofia e a literatura.

W. Bion estudou essa "passagem misteriosa" que vai da experiência emocional à sua representação em imagens oníricas e formulou a teoria da função alfa ("Uma Teoria do Pensar", 1962), segundo a qual, a passagem ocorre desta forma: o sujeito, ao ter uma experiência sensorial e emocional, precisa dar-lhe significado e representação para que sua mente se torne capaz de ter pensamentos e de crescer na capacidade de pensar. Para que este processo aconteça, o sujeito depende de objetos internos que o ajudem nessa função de significar e representar. No início da vida é a mãe que exerce essa função (a mãe como um objeto não apenas de cuidados e nutrição, mas como objeto pensante). A criatura vai internalizando esse "objeto" como um modelo de pensar e a ele recorre, sempre que necessário, a cada nova experiência emocional. Assim são gerados novos pensamentos e novas "unidades simbólicas".

A vida onírica é uma atividade pensante que busca dar sentido ao que vivemos, desde que sejam oferecidas algumas condições. É o lugar onde nos recolhemos, para dar toda atenção ao mundo interno, às nossas relações íntimas e é onde as experiências emocionais são compreendidas, e os significados alcançados são representados nos sonhos noturnos, nas verbalizações, na música, na pintura e na poesia.

Para o modelo de mente que estamos usando, toda função criadora considerada artística ou científica depende da criatividade dos objetos do mundo interno do indivíduo e das relações entre o self e seus objetos internos (ou divindades). A mente é entendida como espaços nos quais as experiências emocionais ocorrem continuamente e necessitam do reconhecimento em nível simbólico para que possam ser representadas e pensadas.

Os elementos precursores simbólicos originados das transformações nesses espaços do mundo interno do indivíduo são imagens principalmente visuais e auditivas. Para serem comunicadas, precisam ser representadas, e é deste processo que surgem os signos e símbolos. Há um processo de produção contínuo inconsciente, que não é interrompido pelas experiências diárias conscientes, chamado processo onírico. De dia, manifesta-se através de flashes, imagens visuais inexplicáveis, repentinas, não relacionadas aparentemente com a conversação ou a situação do momento. São "pensamentos incipientes" que denotam uma atividade de pensar, com a finalidade de alcançar um significado da experiência emocional em curso. Em geral, somos incapazes de compreender o significado dessa linguagem. Além disso, a transformação do pensamento nascente em qualquer linguagem sofre várias distorções. Temos que levar em conta também a eterna limitação da linguagem verbal pela representação nela implicada, a que Ludwig Wittgenstein (1958) se refere como a "o que não se pode falar, deve-se calar" (5), possível alusão à necessidade da imagem, da cena, da vivência, da linguagem pré-verbal para comunicar o todo da experiência.

Bion (1962) expandiu o conceito kleiniano de Identificação Projetiva ao descrever uma modalidade de comunicação, a "identificação projetiva realista". Segundo o autor, um indivíduo pode projetar no outro seus estados de ânimo, através de condutas pré-verbais (som, choros, risos, gestos, ritmos, etc) e o outro passa a senti-los, sendo este o modo pelo qual ocorre a comunicação inconsciente, pré-verbal, sem palavras. Isto nos remete aos limites da linguagem verbal.

Relação entre o Sonho e a Obra de Arte

Iremos nos ocupar agora da relação entre sonho e obra de arte. Paul Ricoeur (1967) ao refletir sobre a semelhança e a diferença entre um sonho e uma obra de arte afirma que as obras de arte são criações, na medida em que não são simples projeções de conflitos do artista, mas também o esboço de soluções.

No sonho, o disfarce predomina sobre a revelação, o sonho olha para trás, para o passado, para a infância. Na obra de arte prevalece a revelação como símbolo prospectivo da síntese pessoal do homem, e não apenas um sintoma regressivo de conflitos não-resolvidos.

Ella F. S. Sharpe (1961) destaca que o sonho é um produto psíquico típico e individual em que a intuição, o conhecimento que vem da experiência e a expressão são aspectos de um só fato. O material que compõe o conteúdo manifesto de um sonho deriva de alguma espécie de experiência do sujeito.

Da mesma forma que o jogo da criança remete a um desejo e a uma experiência, o sonho é a expressão de uma experiência pessoal (ocorrências reais passadas, estados emocionais e sensações corporais penosas e agradáveis). Neste sentido, E. Sharpe enfatiza que a vida onírica detém dentro de si não somente a prova de nossos impulsos instintivos e os mecanismos pelos quais esses impulsos são aproveitados ou neutralizados, como também as experiências reais através das quais nós passamos. Para o artista, a experiência esquecida parece acessível de alguma maneira, para ser utilizada em sua imaginação criadora, embora possa não haver percepção consistente dessa utilização, como é o caso do pintor inglês Turner, que repetidamente introduz uma ponte em paisagens inspiradas por regiões geograficamente distantes. Ella Sharpe [6] relata:

> "Um paciente trouxe um desenho seu para mostrar-me. Disse que ele não era inteiramente uma reprodução de uma paisagem que havia visto. A mata desenhada era decididamente uma reprodução de uma cena que ele havia desfrutado durante suas férias, "mas", acrescentou, "não havia nada dessa espécie no vale", e apontou para uma rocha grande e solitária no meio deste. "Isto", disse, "foi invenção minha.

Não vi nada disso no cenário real à minha frente. " Doze meses após este episódio psicanalítico, estávamos trabalhando sobre uma série de sonhos, dos quais os pormenores não são necessários para o meu propósito atual. Em cada sonho da série apareciam duas figuras femininas. A investigação do significado das mulheres no sonho resultou finalmente em dizer ele: "Naturalmente, a primeira menina que me lembro de haver encontrado foi quando eu tinha quatro anos. Tinha a mesma idade que eu. Não me lembro de nada a seu respeito, exceto não gostar dela." Depois, acrescentou: "Durante anos não pensei no lugar em que passei aquelas férias. Lembro-me agora de uma das coisas mais estranhas a seu respeito. Havia uma rocha isolada e imensa na região e, naturalmente, todos os visitantes da cidade iam vê-la."

A experiência esquecida, tida na idade de quatro anos foi, em primeiro lugar, manifestada como um impulso de colocar uma rocha no vale de seu esboço. O artista "inventou" algo. Ele não sabia, conscientemente, que havia visto aquela pedra. A análise posterior revelou que a própria rocha era recordada, enquanto que a experiência emocional que o fizera não gostar da menininha fora esquecida."

Sharpe sustenta que as leis da dicção poética, desenvolvidas pelos críticos, a partir das grandes obras poéticas, e as leis da formação onírica, descobertas por Freud, originam-se das mesmas fontes inconscientes e possuem muitos mecanismos em comum. O seu veículo de comunicação básico é o som e, unido a este, o poder de evocar a imagística.

Para esse fim, a elocução poética prefere a imagem à sequência de fatos, evita a expressão genérica e escolhe a expressão específica. É contrária ao "alongamento" e pode dispensar conjunções e pronomes relativos onde seja possível. Substitui frases por epítetos. Um poema apela para o ouvido e para a vista, tornando-se uma "tela com animação".

Para Ella Sharpe, os princípios e os artifícios empregados na dicção poética (metáfora, metonímia, sinédoque, símile, onomatopeia, etc.) têm a mesma marca dos mecanismos oníricos: condensação, deslocamento, simbolização. Os mecanismos oníricos, ao mesmo tempo que escondem o desejo inconsciente, o manifestam.

Voltamos à questão de que relação haveria entre sonho e processo criador ou melhor, considerando o processo onírico descrito, que relações haveria entre o processo onírico e a produção artística.

No caso da produção poética conjecturamos que o poeta, ao viver certas experiências sensoriais e emocionais, elabora-as em formas simbólicas poéticas.

Assim, a necessidade do ser humano de manejar e elaborar angústias ligadas à individualização, à constituição de uma identidade, a presenças-ausências, à passagem do tempo, a perdas, etc, propõe à psique um trabalho mental que se inicia no inconsciente e acontece no indivíduo acordado ou dormindo, e é o processo onírico.

Partindo desse estado de mente onírico que produz significados, o poeta diferentemente do homem comum, é capaz de dar-lhes formas que resultam em linguagem reconhecida como poética.

Entendemos por isso que o poema não é mera representação de configurações emocionais, e sim, fonte de conhecimento da realidade psíquica.

Vamos ilustrar tal hipótese com poemas de Eugenio Montale (1896-1981):

No poema *Non recidere, forbice, quel volto*, (Le Occasioni) (OC) na primeira estrofe, ao olhar para um jardim que estaria sendo podado, o poeta ali projeta a memória presente da imagem de um rosto ausente. A princípio, nega a possibilidade de que esteja ausente: *Non recidere, forbice, quel volto* [Não corte, tesoura, aquele vulto]. Se for cortado, se perder aquele rosto, ele, o poeta perderá a lucidez: "Não faça de seu grande rosto atento/minha neblina (escuridão) de sempre". Vemos aqui o movimento de deslocamento do objeto, o vulto que aparece em sua memória, justaposto metaforicamente ao jardim. Da mesma forma, a tesoura, metaforicamente, não corta apenas o jardim, mas a imagem onírica que está presentificando o rosto. A tesoura, provavelmente, representa o acordar para a realidade externa. Na segunda estrofe: "um frio invade /... Duro o golpe poda" o poeta identifica com o estar diante da realidade que o deprime – um frio que invade e que, inexoravelmente, mostra, através da acácia ferida que não segura mais a "casca da cigarra", a ação do tempo que avança até cair a casca no "primeiro lodo de novembro", o fim.

Non recidere, forbice, quel volto (Não corte, tesoura, aquele vulto)

Non recidere, forbice, quel volto,	*Não corte, tesoura, aquele vulto,*
solo nella memoria che si sfolla,	*sozinho na memória desbastada,*
non far del grande suo viso in ascolto	*não faça de seu grande rosto atento*
la mia nebbia di sempre.	*minha neblina de sempre.*
Un freddo cala ... Duro il colpo svetta.	*Um frio invade... Duro o golpe poda.*
E l'acacia ferita da se scrolla	*E a acácia ferida de si arranca*
il guscio di cicala	*a casca da cigarra*
nella prima belletta di Novembre.	*no primeiro lodo de novembro.*

O poema *Due nel Crepuscolo (La Bufera)(B)* é a descrição de um encontro que leva o poeta a confrontar sua imagem onírica com o objeto, "tu", presente e muito esperado. Ele descreve uma ruptura do estado de mente que estava carregando a memória de um "tu", que não se superpõe ao "tu" do encontro real. A ruptura abre uma distância deformante, acompanhada de reações de despersonalização e de vazio:

> (...) / sei que nunca separado/ estive de ti como neste tardio/ retorno. Poucos instantes queimaram/ tudo de nós: /
> (....) / .

Tais versos parecem conter duas experiências: o reencontro, que põe fim a um estado de fusão, e a desorientação, (*"smarrimento"*), diante desta nova percepção, desta nova imagem. *"Não sei/ se te conheço"*, ao olhar para ti *"tu"*, *"Olho-te num suave revérbero"*. Constata uma mudança tão profunda que o objeto, transformado, provoca estranhamento e sugere um estado de momentânea despersonalização do poeta:

> *(...) cedo / al sortilegio di non riconoscere / di me più nulla fuor di me; s'io levo/appena il braccio, mi si fa diverso / l'atto si spezza su un cristallo, ignota / e impallidita sua memoria e il gesto / già più non m'appartiene; / se parlo, ascolto questa voce attonito, / scendere alla sua gamma più remota/o spenta all'aria che non la sostiene.*
>
> [(...) cedo ao sortilégio de não reconhecer / de mim nada fora de mim: mal ergo / o braço, muda-se / o ato, rompe-se sobre um cristal ignota / e pálida sua memória, e o gesto / já não mais me pertence; / se falo, escuto aquela voz atônito, / descer até a sua gama mais remota / ou extinta pelo ar que não a retém."]

Há "dois no crepúsculo", duas pessoas. Mais de que isso, duas imagens: uma fugaz, do objeto guardado na memória à espera do reencontro que não se dá no nível imagético, e outra do sujeito que não se encontra com o objeto real, embora este lá esteja. Desaparece, então, a imagem onírica desejada e aparece outra, a de um rosto deformado no clarão "subáqueo", até que se torne, como o rosto do poeta, uma máscara que força um sorriso.

Esses versos testemunham a angústia que acompanha a individuação, por se confrontar com uma realidade que destrói o estado de fusão com o "tu", desejado pelo poeta: Eu sou um Eu, diferente de ti, eu me estranho e te estranho, e não sei se te conheço!

Due nel crepuscolo (Dois no crepúsculo)

Fluisce tra me e te sul belvedere	*Flui entre mim e ti no belvedere*
un chiarore subacqueo che deforma	*um resplendor subáqueo que deforma*
col profilo dei colli anche il tuo viso.	*no perfil das colinas o teu rosto.*
Sta in un fondo sfuggevole, reciso	*Está num fundo fugaz, cindido*
da te ogni gesto tuo; entra senz'orma,	*de ti cada gesto teu; entra sem rastro,*
e sparisce, nel mezzo che ricolma	*desaparece, no espaço que preenche*
ogni solco e si chiude sul tuo passo:	*cada sulco e se fecha ao teu passo;*
con me tu qui, dentro quest'aria scesa	*comigo, tu aqui, neste ar que desce*
[*a sigillare*	[*a selar*
il torpore dei massi.	*o torpor dos rochedos.*
Ed io riverso	*E eu tombado*
nel potere che grava attorno, cedo	*no poder que grava em volta, cedo*
al sortilegio di non riconoscere	*ao sortilégio de não reconhecer*
di me più nulla fuor di me: s'io levo	*de mim nada fora de mim: mal*
appena il braccio, mi si fa diverso	*ergo o braço, muda-se o ato*
l'atto, si spezza su un cristallo, ignota	*rompe-se sobre um cristal, ignota*

e impallidita sua memoria, e il gesto	*e pálida sua memória, e o gesto*
già più non m'appartiene;	*já não mais me pertence;*
se parlo, ascolto quella voce attonito,	*se falo, escuto aquela voz atônito,*
scendere alla sua gamma più remota	*descer até a sua gama mais remota*
o spenta all'aria che non la sostiene.	*ou extinta pelo ar que não a retém.*
Tale nel punto che resiste all'ultima	*Assim, no ponto que resiste à última*
consunzione del giorno	*consumpção do dia*
dura lo smarrimento; poi un soffio	*dura o desgarramento; e um sopro*
risolleva le valli in un frenetico	*torna a animar os vales num frenético*
moto e deriva dalle fronde un tinnulo	*moto e retira das frondes um som*
suono che si disperde	*que se dispersa*
tra rapide fumate e i primi lumi	*por rápidos fumos e os novos lumes*
disegnano gli scali.	*desenham os cais.*
.... le parole	*.... as palavras*
tra noi leggere cadono. Ti guardo	*entre nós caem leves. Olho-te*
in un molle riverbero. Non so	*num suave revérbero. Não sei*
se ti conosco; so che mai diviso	*se te conheço; sei que nunca separado*
fui da te come accade in questo tardo	*estive de ti como neste tardio*
ritorno. Pochi istanti hanno bruciato	*retorno. Poucos instantes queimaram*
tutto di noi: fuorchè due volti, due	*tudo de nós: menos dois rostos, duas*
maschere che s'incidono, sforzate,	*máscaras que se entalham, forçadas,*
di un sorriso.	*num sorriso.*

Concluindo nossa conjectura, a "inspiração poética" corresponderia a um processo complexo que se inicia com uma experiência sensorial e emocional que, ao sofrer transformação simbólica através do processo onírico (GL), surge sob forma de um estado de mente poético. Num segundo tempo, acontece a elaboração do produto derivado de tal estado de mente em objeto artístico, em poema. No homem comum, o processo se inicia com uma experiência sensorial e emocional que precisa ser elaborada em símbolos pelo mundo onírico, fazendo surgir estados de mente criativos no sentido lato da criatividade primária, que são os pensamentos capazes de dar significado à experiência vivida e alimentam a capacidade de pensar. Diferente das do homem comum, as criações do poeta implicam um componente estético e uma universalidade que as tornam objetos artísticos.

Do ponto de vista psicanalítico a criação poética ou qualquer expressão artística não é considerada invenção, não é um produto apenas da imaginação, mas é fruto do interjogo do evento externo com a realidade psíquica, fenômeno este, em parte inconsciente, e que o talento pode trazer à consciência em forma de objeto artístico.

Quanto à emoção estética despertada pela obra de arte, Fry [7] e Bell [8] propõem defini-la como uma emoção diante da qualidade essencial da obra, a que Bell chama de "forma significante" [9].

Wollheim (1973) [10], ao aplicar a noção de elaboração (working through) de um conflito inconsciente, considera a arte como um trabalho (work). A natureza do conflito psíquico e o modo pelo qual o artista procura resolvê-lo lançam luz sobre a forma significante.

Fry afirma: "Parece que a arte conquistou o acesso ao substrato de todas as cores emocionais da vida, a algo que subjaz a todas as emoções particulares e específicas da própria vida. Ela parece derivar uma energia emocional das condições mesmas de nossa vida, mediante a revelação de uma existência emocional no tempo e no espaço; embora seja possível que a arte realmente evoque, por assim dizer, os traços residuais deixados no espírito pelas diferentes emoções, ela não recorda as experiências propriamente ditas e nós ficamos como que com um eco da emoção, sem a limitação e a direção particular que esta teve na experiência"[11].

O próprio Freud, numa reunião da Sociedade Psicanalítica de Viena, em 1909, teve ocasião de dizer: "Um conteúdo tem, via de regra, sua história, e em relação à arte poderíamos corretamente dizer que a forma da arte é um precipitado de um conteúdo mais antigo."(12)

Para compreender esse precipitado, a noção de simbolismo inconsciente é crucial. Fry nos diz: "Creio que a forma, seja ela musical, visual ou verbal, consegue nos comover tão profundamente porque incorpora simbolicamente um significado inconsciente. Em outras palavras, a arte incorpora, simboliza e evoca no fruidor certa espécie de emoção arcaica de tipo pré-verbal."(13)

De qualquer modo, conteúdo e forma, emoção associativa e emoção estética não podem ser separados, sem que se empobreça a experiência estética, é o que sugere Bell.

Freud (14) (1914), referindo-se à compreensão estética de uma obra de arte afirma que a intenção do artista é despertar em nós a mesma atitude emocional, a mesma constelação mental que no artista produz o ímpeto de criar. Parece-nos que reside nisso a comunicação do artista, aquilo que ele visa em última instância.

Notas:

1- BERGLER, E. - The Writer and Psychoanalysis, New York, 1950.

2- MILNER El papel de la ilusión en la formación de símbolos. In: Nuevas direciones em psicoanalisis. Paidos. 1972.

3- objeto, noção encarada em psicanálise sob três aspectos principais: a) como <u>correlativo da pulsão</u> ele é a sua meta (pessoa, objeto parcial, objeto real ou fantasiado); b) como <u>correlativo do amor ou ódio</u>, trata-se da relação da pessoa real; c) no <u>sentido tradicional da filosofia</u> e da <u>psicologia do conhecimento</u> enquanto correlativo do sujeito que percebe e conhece, é o que se oferece com características fixas e permanentes, reconhecíveis pela universalidade dos sujeitos, independentemente dos desejos e das opiniões dos indivíduos.

4- Ego ou Eu: é a instância que Freud distingue do Id e Superego e que se situa como mediador entre as reivindicações do Id e os imperativos do Superego.

Superego: instância descrita por Freud que se assemelha ao de um juiz ou um censor do ego. Suas funções são de consciência moral e formação de ideais.

Id: é o reservatório inicial da energia psíquica. Seus conteúdos, expressão psíquica das pulsões, são inconscientes e hereditários e inatos ou recalcados e adquiridos.

5- WITTGENSTEIN, L. Tractatus Lógico-Philosophicus, São Paulo, Biblioteca Universitária, 1958.

6- SHARPE, E. - Análise dos Sonhos, 1971, p. 3.

7- Fry, Roger (1924) *The Artist and Psychoanalysis*, Londres: Hogarth.

8- Bell, C (1914) *Art*, Oxford: Oxford University Press, 1987.

9- Bell and Fry (1914) in: Segal, H, Dream, Phantasy and Art.

The New Library of Psychoanalysis- 12

with The Institute of Psycho- Analysis, London- 1991 ;p. 89

10-Wollheim, R (1969) "The mind and the mind´s image of itself". International Journal of Psycho-Analysis,50; p. 89

11- Fry(1924) in: Segal, H, Dream, Phantasy and Art.

The New Library of Psychoanalysis- 12

with The Institute of Psycho- Analysis, London- 1991; p. 89

12- Freud (1909) in: Segal, H, Dream, Phantasy and Art.

The New Library of Psychoanalysis- 12

with The Institute of Psycho- Analysis, London- 1991; p 91

13-Fry (1924) in: Segal, H, Dream, Phantasy and Art.

The New Library of Psychoanalysis- 12

with The Institute of Psycho- Analysis, London- 1991; p 91

14- Freud (1914) in: Segal, H, Dream, Phantasy and Art.

The New Library of Psychoanalysis- 12

with The Institute of Psycho- Analysis, London- 1991; p 94

Capitulo III

Crítica Literária com Enfoque Psicanalítico.

Considerada desde os seus primórdios um corpo teórico intimamente ligado à cultura, a psicanálise tem fornecido precioso instrumental para o desvendamento e interpretação dos fenômenos artísticos e literários.

Em seu artigo "A crítica psicanalítica" (1992) [1], o estudioso Elio Gioanola faz um estudo do modo como as teorizações psicanalíticas vem sendo utilizadas no âmbito da crítica literária.

"É preciso ter em mente", diz Gioanola, "que não estarão presentes, ao se ler um texto à luz da teoria psicanalítica, aqueles elementos de controle, que, na psicanálise enquanto tais são fornecidos pelo método da investigação e pelos procedimentos técnico-terapêuticos" [2]. Decorre disso a pura conjecturalidade das indagações de cunho psicanalítico, aplicadas à literatura e a outros fenômenos culturais. "De fato, tais indagações baseiam-se tão somente na analogia que, por exemplo, um texto poético apresenta com eventos psíquicos, como os sonhos, as fantasias ou os sintomas" [3]. "O modelo de mente freudiano, entretanto, sendo econômico – pulsional [4] é redutor, ao reconduzir os fenômenos culturais a perspectivas pulsionais através de seus componentes arcaicos". Mas a Psicanálise, ao ultrapassar o referencial puramente energético das forças psíquicas e ao encaminhar-se para formações de sentido (linguístico, *lato sensu*) torna essas formações passíveis de interpretação- explica Gioanola. Desse ponto de vista a psicanálise é entendida como um lugar hermenêutico, análogo ao que pode ser proposto para a interpretação do texto literário. Não se trata, para a crítica literária de cunho psicanalítico, de reduzir um texto à descoberta banal dos componentes psíquicos, mas de mostrar a ação das forças que estão por baixo do tecido expressivo da obra, preservando o arcaico e renunciando a racionalizações tautológicas em termos metapsicológicos.

Nos termos de Gioanola: "Se a psicanálise é ao mesmo tempo uma teoria da neurose e uma teoria da cultura (...), nem por isso se configura como uma ideologia, capaz de fornecer explicações a respeito de tudo, na base de um quadro conceitual preciso" (5). Se, por um lado, Freud tende a construir uma espécie de mecânica da mente, por outro, sua própria noção de inconsciente descarta qualquer possibilidade de explicação dos fenômenos psíquicos, em termos lógico-científicos. Para os problemas de sentido (e não de fato) com os quais Freud se deparou, o que se buscava não eram explicações, mas interpretações.

Em seu interesse por toda forma expressiva humana, a psicanálise liga as manifestações psíquicas (sonhos, fantasias, lapsos, sintomas) com as manifestações criativas (mitos, obras de poesia e outras artes, crenças religiosas etc.) e as coloca na matriz do desejo frustrado. No entanto Freud separou nitidamente o sonho do poema, afirmando haver de diferente entre um e outro "o mistério da criatividade": No escrito sobre Leonardo da Vinci (6), Freud admite: "Dado que o talento e a capacidade artística estão intimamente conectados com a sublimação, devemos admitir que também a essência da criação artística é inacessível do ponto de vista da psicanálise" (7).

Gioanola, conclui daí que uma crítica literária de cunho psicanalítico, baseando-se nas palavras de Freud, considera a obra de arte como o lugar do arcaico e do criativo onde o desejo e o inconsciente estão presentes. Por outro lado, a dialética observada por Ernst Kris ("regressive progression"), além de considerar o texto comprometido com a dinâmica do desejo e do inconsciente, torna-o um projeto autônomo e criativo de possível solução de conflitos, voltado, inclusive, para o futuro.

Daí provém à legitimidade de uma crítica literária em chave psicanalítica, pois trata-se de interpretar textos na ativa presença do arcaico e do criativo, sabendo não ser possível reduzir um texto ao seu arcaico, mas também não ser possível prescindir deste arcaico como ponto de partida para a criação do texto.

O pressuposto de Freud é de que na base de cada expressão humana há uma determinação inconsciente. "O inconsciente não é uma realidade absoluta, identificável em si, mas relativa aos efeitos que produz, e perceptível somente nas manifestações expressivas por ele alimentadas. É preciso, em suma, que a força, ou seja, os quanta energéticos das pulsões, se tornem sensação, um fato expressivo passível de interpretação" (8). E para que o inconsciente entre na cultura, mesmo em forma regressiva, como nos sintomas, "deve encontrar algo externo a ele que, mesmo escondendo-o, o manifeste (...)" (9). Com um termo genérico, este cruzamento de força e de sentido é chamado por Freud de "símbolo", e é deste modo que Freud o usou também no campo restrito das manifestações puramente psíquicas e psicopatológicas (os símbolos, os lapsos, os sintomas neuróticos).

Porém, se Freud está constantemente voltado para o arcaico – continua Gioanola – e colhe no simbólico quase exclusivamente os aspectos regressivos, hipnotizado que parece estar pela arqueologia dos instintos, é dito igualmente que ele sempre relevou a natureza criativa do símbolo, também em seus níveis mais baixos.

Isso significa que também o sonho é passível de sentido e, portanto, interpretável, como também significa que um poema, em que a cota de criatividade é máxima, guarda dentro de si o arcaico, carregando as marcas do desejo, do instinto de morte, da neurose.

O símbolo é o lugar da "regressive-progression" de que fala Kris, segundo uma escala descendente-ascendente, em cujo centro está o mecanismo da sublimação. "Onde há um símbolo há também arqueologia e teleologia", diz Ricoeur (10). Daqui vem, originariamente, a legitimação de uma hermenêutica literária de vertente psicanalítica, porque se trata de interpretar textos na ativa presença conjunta do arcaico e do criativo, sendo imprescindível levar em conta o arcaico, a partir do qual o texto é constituído.

Em cada caso qualquer que seja o nível de manifestação, o simbólico estabelece o nexo inconsciente – linguagem.

Inconsciente e Linguagem

A maior parte da crítica psicanalítica está referendada a Freud e, mesmo neste domínio, é necessário esclarecer o que é inconsciente para os intérpretes do fundador. Há os que consideram o inconsciente como um depósito de material submerso pelo recalque, o inconsciente como produto da história privada e social, feito de material culturalmente estruturado, – portanto, já em sentido lato, linguagem, visto que tudo o que é cultural não acontece a não ser em termos linguísticos.

Outros consideram o inconsciente como "o outro", o inconsciente como uma instância psíquica anterior a toda determinação histórica, mesmo que tenha também conteúdos históricos e, então, não é apenas linguagem. Dessa forma, se o inconsciente é o recalcado, é também linguagem; se não é somente o recalcado, não é somente linguagem.

Lacan (11) está entre aqueles que consideram o inconsciente estruturado como linguagem, embora a concepção lacaniana da identidade inconsciente-linguagem não tenha que ser, por causa disso, considerada historicista. O inconsciente é linguagem, mas linguagem do ser que se revela pela retórica inconsciente.

Os que consideram o inconsciente não como linguagem, mas como motor energético que leva à linguagem estão dentro da hipótese de Freud. Um desejo em si não é simbolizável por ser uma potencialidade energética, mas tende a sinalizar-se, a pronunciar-se.

Ignacio Matte-Blanco (12), contribuindo ao tema da relação do inconsciente - linguagem com seu estudo *O inconsciente como conjuntos infinitos: ensaio sobre bi-lógica*, influenciou muito a crítica literária de tendência psicanalítica.

Mais freudiano que Freud, Matte Blanco extremiza a noção de inconsciente como mundo alternativo no qual não valem as categorias de consciência, de espaço, de tempo e de causalidade. Tais categorias constituem o fundamento da racionalidade ou da lógica assimétrica, enquanto a do inconsciente é uma lógica simétrica. Exemplificando: na lógica assimétrica, se A é pai de B, B não pode ser pai de A, enquanto, na lógica simétrica, se A é pai de B, B pode ser pai de A; por isso as combinações se tornam infinitas.

Gioanola cita M. Blanco: "A linguagem, que é o instrumento da natureza desenvolvido para identificar com precisão sempre maior todas as sutilezas da realidade interna e externa, é inconcebível sem um uso extensivo de relações assimétricas". A emoção, por isso (desejo, pulsão, *Trieb*), enquanto simétrica, não pode em si ter uma linguagem.

Sendo não mensurável é, contudo, a matriz dos mensuráveis. A emoção é vista como matriz da linguagem.

Obviamente nada do "ser simétrico" (assim é redefinido o inconsciente) pode ser dito se não em termos assimétricos, ou seja, em termos de linguagem racional, mas "toda a atividade artística é resultado de um ler no interior do ser simétrico".

Desenvolvimentos Pós-Freudianos da Relação Psicanálise-Literatura

Para Freud, os poetas são precursores intuitivos de várias descobertas psicanalíticas e talvez por isso seu interesse se tenha atido mais ao conteúdo da obra de arte do que às suas qualidades formais ou técnicas.

Como consequência disso, a crítica psicanalítica freudiana ficou, de uma maneira geral, circunscrita à biografia do autor, rica em conjeturas penetrantes, mas não escapando de ser reducionista.

Gustav Jung (13) não aceita a obra artístico-literária como uma formação de compromisso igual a um sonho ou a um sintoma neurótico, e não leva em conta o conceito de sublimação e a presença do símbolo numa perspectiva criativa. O conceito de inconsciente de Jung se afasta daquele de Freud e não tem a ver com o reprimido individual; é impulso para com a cultura, depositário dos arquétipos imaginários universais, inspiradores dos mitos, dos símbolos, das crenças – o inconsciente como um espírito idealizado sem a presença do selvagem desejante.

A criação artística, nutrindo-se das fontes imaginativas, constrói obras ricas de invenções, onde o conflito e a formação de compromisso não existem. Jung deu origem a uma estética psicanalítica alternativa à freudiana, e os arquétipos e símbolos que os junguianos propõem à crítica, embora tenham dado frutos, não parecem ter aberto perspectivas metodológicas eficazes.

Gaston Bachelard (14), seguindo o pensamento de Jung, focalizou na atividade mítico-poética e onírica, temáticas interessantes, ligadas aos grandes arquétipos do fogo, da água, do ar e do espaço.

Gilbert Durand (15), em *As estruturas antropológicas do imaginário*, faz combinações pouco rigorosas de arquétipos e símbolos e se posiciona contra a concepção freudiana do inconsciente, dizendo que a psicanálise deve libertar-se da obsessão do reprimido porque existe um simbolismo independente do da repressão.

Ernst Kris (16), ao estudar as diferenças entre as obras dos artistas psicóticos e as dos criativos, dá atenção aos componentes conscientes e à autonomia da obra, com respeito aos determinismos neuróticos inconscientes.

Ernst Gombrich (17), que se considera um discípulo de Kris, em suas investigações sobre a arte figurativa modula a crítica psicanalítica com aquela sociológica, domesticando os componentes inconscientes da atividade artística.

No âmbito kleiniano, Janine Chasseguet Smirgel (18), interessada no problema da criatividade, conclui, em seus estudos, que o ato criativo não é uma questão apenas de reparação do objeto, mas do próprio sujeito que recupera sua integridade pela obra. Desse modo a atividade criativa libera-se da dependência externa do objeto e é colocada nos recursos autônomos da sublimação, que operam a partir das fantasias individuais, assegurando a originalidade, a irrepetibilidade de cada experiência artística. Para a autora existe um "estilo psíquico" revelado pelas marcas da superação da neurose, o que faz da obra uma memória das próprias vivências interiores.

Charles Mauron [19], crítico literário francês que levou muito em conta as indicações kleinianas, fundou sua "psicocrítica" a partir da rede de associações e figuras que se repetem e constituem, na superfície dos construtos edificados conscientemente, momentos de afloramento de elementos inconscientes.

A rede de figuras obsessivas leva à individuação de um "mito pessoal", que é a face sublimada e aculturada da neurose do artista.

Os franceses, que consideram Freud uma etapa obrigatória da meditação humanística moderna, tomaram a dianteira no estudo da relação psicanálise-literatura. Por isso, não é de estranhar que os mais destacados críticos psicanalíticos na Itália, tenham sido os estudiosos de literatura francesa como Francesco Orlando e Stefano Agosti, Giacomo Debenedetti. Para este último a psicanálise representa a exploração e a teorização sistemática da psique que a literatura apresenta em termos de "evento linguístico".

Franco Fornari [20] dedicou seus trabalhos aos problemas metodológicos de aplicação da investigação psicanalítica aos textos literários, e também à interpretação dos textos. Fornari, como Klein, não entende criar ligações estreitas entre a obra e o inconsciente do autor, mas vai em busca dos conteúdos simbólicos que reconduzam às estruturas afetivas profundas.

Tais análises literárias realizadas pelos psicanalistas não entusiasmam os críticos literários.

Faltou na Itália, segundo Gioanola, um Jean Starobinski ou uma Julia Kristeva, talvez porque a cultura filosófico-literária lá foi eminentemente idealística e historicista e a cultura científica esteve sempre separada dos interesses humanísticos.

Somente nos anos setenta começam a aparecer na Itália críticos que recorrem a instrumentos metodológicos e hermenêuticos da psicologia freudiana.

Entre os italianistas atuais em crítica-psicanalítica, Stefano Agosti (21) segue um tipo de crítica que parte da análise do texto, convencido de que são os aspectos formais do texto que nos guiam para suas determinações inconscientes por serem os conteúdos muito mais sujeitos ao controle da consciência e às convenções da linguagem.

Em "Significante saussuriano, significante lacaniano, significante poético", Agosti escreve: "O paradigma atua no plano formal, através dos dispositivos típicos das manifestações poéticas que são, por exemplo, as rimas, o ritmo, as aliterações e assim por diante e, no plano semântico, através daquelas que os manuais de retórica definem como figuras de pensamento (das quais a principal é a metáfora). Em todos esses casos é evidente que a relação se institui entre significante e significado e, além disso, fora da dimensão da linearidade"(22).

À categoria do texto pertence aquela particular tipologia expressiva representada pelo sonho e pelos sintomas neuróticos, e é aqui que o modelo de Agosti encontra a psicanálise, em particular a "Interpretação dos Sonhos". O sonho e o sonho contado são um "texto" onde predominam, na estratégia do ocultamento do desejo, os jogos do significante, pelos processos de deslocamento e condensação.

Se o "discurso" pertence ao sujeito, o "sonho-sintoma" pertence ao outro (o inconsciente) e a distinção discurso / texto possibilita a Agosti superar o risco de reduzir o inconsciente à linguagem, como teorizou Lacan.

Tal distinção é valorizada pelo recurso de Agosti de considerar o inconsciente como "conjuntos infinitos", do já citado Matte Blanco, em que a linguagem do outro, em sua lógica simétrica, é irredutível à linguagem comunicativa, ou seja, ao "discurso" fundado na assimétrica da lógica.

O reconhecimento de uma "textualidade" comum aos produtos expressivos no domínio analítico e no poético-literário coloca a necessidade de endereçá-los a uma única matriz anterior ao convencionalismo e à arbitrariedade da linguagem comunicativa. Se o sonho e a poesia postulam, com seu simbolismo, uma mesma fonte pré-simbólica, eles implicam um estatuto diferenciado, pois a linguagem poético-literária não pode nunca prescindir do "discurso", sob pena de obscurecer o sentido.

Francesco Orlando (23) concentra-se na noção de inconsciente como fonte de particulares modalidades expressivas, propondo que o crítico encontre modelos atinentes à coerência interna da linguagem que, em sua hipótese, teria algo a compartilhar com o inconsciente, para evitar o que ele pensa ser um círculo vicioso, que do autor vai á obra e da obra ao autor.

Encontra-se em "O chiste e sua relação com o inconsciente" de Freud, um original cruzamento entre inconsciente e linguagem onde, diferentemente de obras em que o inconsciente é considerado em seus efeitos não comunicativos (sonhos e sintomas), são examinados os efeitos naquela particular comunicação linguística que é o chiste ("*Witz*").

Nos chistes que pressupõem a presença de um destinatário, realiza-se a mistura mais significativa das tendências pulsionais com as convenções da comunicabilidade, numa linguagem que resulta carregada de figuralidade, ou seja, de expedientes retóricos (metáforas, eufemismos, antífrases, metonímias, ironias, sinédoques etc.), que transcendem a pura função referencial.

A linguagem literária é por definição retórico-figurativa e nisso revela, como no *Witz*, seu parentesco com o inconsciente.

Se compararmos a concepção de Orlando com a de Agosti, aparentemente pareceria haver certa afinidade por terem ambas como foco a peculiaridade linguística dos textos literários em relação a uma gramática ou retórica do inconsciente. Na realidade, porém, as divergências são profundas, porque, para Agosti, a figuralidade dos textos remete a uma alteralidade irredutível, enquanto, para Orlando, a dominância das figuras é simplesmente uma forma de mascaramento próprio da comunicação literária, que deve contornar a censura dos códigos sociais e das normas vigentes, para afirmar as razões do inconsciente, como acontece nos sonhos pelo deslocamento e pela condensação.

Orlando demonstra que sua escolha da noção de inconsciente é de tipo histórico e racional, pois tende a fazer coincidir o inconsciente com o reprimido recalcado.

No inconsciente – sendo, para ele, o reprimido e até o reprimido social – é pequena a importância do *Trieb*, das pulsões primárias com sua alteridade pré-simbólica e se torna um lugar eminentemente linguístico o depósito daquilo que foi expulso da consciência, por códigos culturais de certo ambiente e época.

Na comunicação literária haveria, então, um retorno do reprimido que não remete a nenhum outro tipo de inconsciente.

Mario Lavagetto divide com Francesco Orlando a desconfiança pelas possíveis interferências entre psicologia do autor e obra, e pela análise psicanalítica dos personagens que considera o inconsciente como uma estrutura orgânica do texto, material manobrado conscientemente pelo autor e por ele dirigido internamente, regulando os procedimentos expressivos. Lavagetto (24), que conhece profundamente a obra de Freud, está mais preocupado em transferir a teoria da psique profunda para a literatura e não o contrário.

Pela sua primazia "narratológica" a Psicanálise funciona frequentemente mais como eficaz trama narrativa do que como instrumento hermenêutico, mesmo quando suas sugestões interpretativas são agudas.

Lavagetto não se interessa em fundar um método de interpretação crítica baseado na psicanálise, mas, sim, em estabelecer de que modo a matéria psicanalítica (o inconsciente), direta ou indiretamente presente, opera na organização dos textos. Em *La gallina di Saba* Lavagetto diz: "O ato poético, que pode usar todos os recursos do inconsciente e que atinge continuamente o inconsciente é a mais decisiva afirmação da consciência, no momento em que transforma aquela matéria num produto finito" (25).

Em síntese, rastreamos o que se entende por crítica literária à luz da psicanálise desde Freud até os novos modelos de mente vindos das contribuições que se seguiram, concluindo pela legitimação dessa vertente da crítica literária por esta se ocupar da interpretação de textos na presença conjunta do arcaico e do criativo.

Além disto, introduzimos um modelo psicanalítico de mente que estuda a transformação de experiências sensoriais e emocionais em IMAGENS e SÍMBOLOS, por meio do processo onírico do individuo que será descrito adiante.

Por fim, pensamos ser pertinente apresentar ao leitor de que modo estamos realizando a interpretação de um texto sob esse enfoque psicanalítico.

Um exemplo específico

É preciso lembrar que a interpretação de enfoque psicanalítico não prescinde da interpretação literária que, no caso, não vamos empreender em todas suas modalidades, limitando-nos a uma análise de tipo temático.

Escolhemos um texto poético que vem ao encontro de nosso objeto de estudo, o poema: "La Speranza di pure rivederti" (1937) da coletânea Le Occasioni, de Eugenio Montale.

La speranza di pure rivederti. (A esperança de ainda rever-te).

La speranza di pure rivederti	A esperança de ainda rever-te
m'abbandonava	me abandonava.
e mi chiesi se questo che mi chiude	Perguntei-me se essa que me veda
ogni senso di te, schermo d'immagini,	todo senso de ti, tela de imagens,
ha i segni della morte o dal passato	tem os signos da morte ou do passado
é in esso, ma distorto e fatto labile,	está nela, mas distorcido e lábil,
un tuo barbaglio:	um teu lampejo:
(a Modena, tra i portici,	(em Modena, nos pórticos,
um servo gallonato trascinava	um servo engalonado arrastava
due sciacalli al guinzaglio).	dois chacais na corrente)

Este poema pertence à coletânea *Le Occasioni*, escrito quando Montale vivia em Florença, período em que Irma Brandeis, italianista americana, passava a frequentá-lo.

É possível ser este um poema criado pela espera, por parte do poeta, de um "Ela" que não vem... sendo que quase não há mais esperança, pois aconteceu, formou-se um bloqueio, uma barreira (*schermo d'immagini*) que não deixa passar nenhuma imagem, e que fecha o acesso ao "Tu" (*se questo che mi chiude ogni senso di te*) e que não é senão um lampejo disforme e fugaz, que o poeta não sabe se é o sinal da morte do "Tu", do objeto, um lampejo de agonia ou uma memória que se mantém a custo, mas disforme e fugaz. E por quê? O que sentiria o poeta com a espera de rever o objeto amado?

Ele não diz! Ele descreve registros do objeto que estão se desfazendo, e possivelmente vão desaparecer. Pela frustração da ausência do objeto concreto externo está ameaçado o registro do objeto interno.

Nos versos seguintes, o poeta choca pela crueza da cena que parece quebrar o clima dos versos anteriores:

> (*a Modena, tra i portici,*
> *un servo gallonato trascinava*
> *due sciacalli al guinzaglio*).

O poeta coloca os versos entre parênteses, como se não pertencessem ao texto principal, como se fossem um comentário de alguém que se distraiu com algo "en passant". Na verdade, os sete primeiros versos descrevem um estado interno (estado de mente), emocional do poeta e os três últimos descrevem o que o poeta viu na realidade externa e que, de algum modo, está articulado com seu ponto de partida, com o que estava se passando com ele, internamente.

Seriam os versos 8/9/10 um exemplo de correlativo objetivo, um conjunto de objetos, uma situação, uma cadeia de eventos que irão formular uma particular emoção?

Qual emoção Montale estaria expressando ao falar de un *"servo gallonato" che trascinava due sciacalli al guinzaglio*?

Examinaremos primeiro a palavra *"gallonato"*: ornamentado com *"galloni"* [galões] sendo os *"galloni"* um distintivo de grau aplicado em uniformes militares. Também se refere a galo, um motivo presente em Montale (o *"gallo cedrone"*).

Em seguida, a palavra *"trascinava"* [arrastava] dá ideia da contra-vontade dos animais, que estavam presos na coleira.

O comando é dado pelo patrão; o servo só obedece, embora com os galões que lhe conferem autoridade.

Por fim, os *"sciacalli"* [chacais]: animais crepusculares, noturnos, que nutrem-se de carniça e comem cadáveres. Surgem então as questões: se há morte nos primeiros versos, a presença do chacal nos últimos versos serve para fazer desaparecer o cadáver? Por que gui*nzaglio* [corrente]? Por que o chacal está na coleira?

A ideia de coleira, de estar preso e ser conduzido se opõe à ideia de liberdade, de separação, e de estar submetido à espera de uma volta.

Voltando ao sentimento, à emoção de Montale pela espera e à esperança ou não de rever o objeto que o abandonava, pensamos que estes últimos três versos contêm a hostilidade e o ataque ao objeto que não vem, que frustra, e que o poeta acaba matando em pensamento.

O sentimento que move o poeta, neste poema, poderia ser de hostilidade, de frustração e de ataque ao objeto interno (GL), (desfigurado, fugaz) até sua morte. Os chacais, comedores de cadáveres, farão desaparecer a cena daquele estado de mente do poeta.

E ainda: se afunilarmos a análise de enfoque psicanalítico teremos que compreender que <u>os dois chacais, representantes da morte</u>, representariam também o <u>"Tu"-objeto e o "Eu"-poeta</u>, pois este, ao investir contra o Tu- objeto e ao atacá-lo, ataca também seu "Eu" que está em relação com aquele objeto: morre o "Tu" e morre o "Eu", partes daquela relação; morre aquela relação <u>"Eu-Tu"</u>.

Post-Scriptum

Em janeiro de 2008 tive a oportunidade de entrevistar a profa. Giusi Baldissone sobre a situação atual da crítica literária psicanalítica. Ela é pesquisadora da Universidade do Piemonte Oriental (Itália) e estudiosa da obra de Eugenio Montale, tendo publicado vários livros de crítica literária entre os quais destaco:

- Il male di scrivere: l' inconscio e Montale (1979);

- Le muse di Montale (1996);

- Gli occhi della letteratura: Miti, figura e generi (1999);

- Il nome delle donne. Modelli letterari e metamorfosi storiche tra Lucrezia, Beatrice e le muse di Montale (2005).

A meu pedido, ela primeiramente ofereceu uma visão da crítica literária em chave psicanalítica:

Baldissone: *"Eu penso que a crítica literária de enfoque psicanalítico se ressentiu da crise geral pela qual passaram as metodologias da critica nos últimos vinte ou trinta anos".*

O estruturalismo e a semiologia, a crítica sociológica e a antropológica sofreram, por um lado, pela excessiva esquematização que caracterizou um pouco todas estas metodologias e, por outro lado, por uma progressiva diminuição da confiança com respeito à interpretação. A literatura, como todas as atividades humanas submetidas a muitas decifrações, desapareceu até como texto, como objeto, acabando por perder a sua própria identidade.

Acredito que hoje estamos tentando pôr remédio às consequências destes excessos, reconhecendo os limites da interpretação (Umberto Eco) e, ao mesmo tempo, reconduzindo a busca metodológica para um objeto visível e, em alguma medida, existente: o texto.

Justamente é a partir do texto, cuja existência Stanley Fish (1980) privilegiou, que podemos hoje explicar uma crítica psicanalítica.

Uma crítica de caráter psicanalítico leva em conta hoje não somente as importantes aquisições que de Freud em diante surgiram para a literatura e a arte em geral, mas também as cooperações entre métodos diversos e as infinitas variáveis metodológicas que cada texto, de per si, requer, como objeto único a ser estudado. Por isso é fundamental valer-se da intuição freudiana segundo a qual o inconsciente é linguagem, e as provas mais importantes são obtidas pelo estudo da linguagem.

Acredito ter sido fundamental a lição de Roland Barthes, não somente porque explicou de modo mais claro o que é o estruturalismo, mas porque foi entre os primeiros a propor o emprego de várias metodologias adaptadas ao texto para estudar o texto: em S/Z a semiologia é unida à psicanálise e produz êxitos de autentica iluminação do texto. Assim, ainda são importantes certas análises e certas teorias de Lacan: o seminário sobre a "Carta Roubada" de Pöe está entre as análises mais interessantes da Psicanálise Aplicada à literatura. É preciso lembrar o importante estudo de Charles Mouron (1963) sobre as metáforas obsessivas. Também Erich Fromm e Bruno Bettelheim pelo estudo dos Contos de Fada e ainda Vladimir Propp, que com a "Morfologia do conto maravilhoso" disse algo fundamental para todas as buscas seguintes sobre a narrativa também de tipo psicanalítico.

As grandes aquisições dos anos sessenta, assim como as do início dos novecentos (entre Freud e Saussure) são aquelas às quais ainda se recorre. Assim como aos estudos que descobriram novas perspectivas na literatura, como Nortrop Frye (O grande código), ou então, que propuseram modelos em que a literatura acabava sendo um instrumento entre tantos para interpretar a cultura e depois aqueles modelos se revelaram capazes de produzir autonomamente interpretações dos textos; penso na "Nouvelle histoire" da escola dos "Annales" em Marc Bloch, em Jean-Pierre Vernant, em Jacques Le Goff. Hoje, se a psicanálise pode ainda dizer algo sobre interpretações dos textos, deve-o a todas estas metodologias, em seu conjunto.

Na Itália, após o pioneirismo de Cesare Musatti, as mais importantes interpretações psicanalíticas da literatura são obras de Francesco Orlando, de Mario Lavagetto, de Franco Fornari, de Elvio Fachinelli, de Stefano Agosti, de Giorgio Cusatelli.

"Creio que nosso momento não seja particularmente feliz, porque as novas gerações não propuseram até agora realizações importantes nem no plano teórico nem no plano das aplicações".

Ao ser indagada acerca do tipo de crítica literária que utiliza o modelo de mente de Bion e Meltzer, especificamente o processo onírico, ou seja, acerca da proposta de "ler" um poema como uma produção onírica, a Professora Baldissone responde:

"Ler uma obra poética como se fosse uma produção onírica é certamente pertinente na ótica de Bion, de Lacan e também de Freud".

No fundo, o que caracteriza a produção poética é a fantasia, no sentido técnico do termo, e que Freud ilustra no seu ensaio 'O poeta e a fantasia'.

Uma certa distinção existe entre o sonhar desperto, como poderia ser o poema, e o sonho noturno, dormindo, em que a censura funciona com regras diversas.

E se considerarmos as modalidades expressivas da poesia em relação à prosa, podemos reconhecer na primeira uma intensidade de atividade simbólica que a prosa não tem. "Acredito que isto derive da maior síntese da poesia, que obriga a uma atividade de concentração e subtração, adensando figuras retóricas que representam outras associações de ideais e representações simbólicas".

Buscando aprimorar a questão anterior e endereçando-a ao estudo da criatividade, nós sugerimos que a análise do texto poético, e a análise da biografia do autor poderiam ser enriquecidas pela visualização da estrutura simbólica do poema-sonho, onde as formas usadas para representar tal estrutura corresponderiam à marca criativa da personalidade do autor. E perguntamos o que a Professora Baldissone pensa a este respeito.

"A marca criativa da personalidade do autor, deste modo, pode manifestar-se com maior eficácia e consentir um estudo da linguagem poética em seu "ir se fazendo", com suas escolhas inconscientes que determinam seus stilemas, as preferências formais, as obsessões, e consentem identificar a forma profunda de uma obra.

Quanto à biografia, eu tenho minhas reservas: acredito que o texto em si deve ser analisado, interrogado preliminarmente. Isto porque o estudioso deve ter tido a experiência de um texto, deve compreendê-lo pelo que ele é: um objeto construído para produzir um sentido, mesmo quando se trata de um texto abstrato ou que deliberadamente esteja em busca de não-sentido. Sou fiel aos conselhos de Barthes sobre a atividade estruturalista: analisar as partes da obra, que é simulacro de certa realidade, significa que quando se recompõe, esta não é mais somente ela mesma, mas um simulacro orientado, ou seja, capaz de significar, de permitir compreender os mecanismos de seu funcionamento. A biografia, então, poderá ser fonte para verificação, mas não é indispensável. Aliás, esta poderia até desmentir o que se descobriu no texto. No entanto a linguagem do texto pode revelar sentidos escondidos".

Consideramos importante conhecer a opinião da professora Baldisssone antes de continuar a pesquisa, seja em Montale, seja em outro poeta como, por exemplo, Giorgio Caproni. Se na vertente da psicanálise considerada o processo onírico é a fonte de criatividade e a linguagem que o comunica o conscientiza, pensamos poder propor que o poema se assemelha ao sonho (no sentido amplo) por representar uma concentração de criatividade, enquanto a prosa seria um concentrado muito diluído.

Baldissone: *"Seguramente há uma afinidade entre a atividade poética e o sonho, mesmo que não haja uma identidade total, visto que no sonho a consciência tem menos possibilidade do intervir, de reconhecer as formas oníricas, de censurar e assim por diante". A afinidade provavelmente deve ser buscada na operação de produção de imagens que pertence, seja ao sonho, seja à poesia (e em forma 'diluída' à prosa).*

Certamente é possível aplicar análises à obra de Montale: estou convencida que trabalhar na modalidade da produção de figuras retóricas e de sua ocorrência e repetição pode ainda reservar novidades e surpresas.

Também no terreno teórico, são possíveis análises acerca do espaço do inconsciente como produtor de poemas.

No caso de Montale, poderia ser interessante seguir a questão de sua mudança de estilo após 'La Bufera', e encaminhar-se para a prosa a partir de 'Satura'. E ainda há toda a polêmica do 'Diário Póstumo' sobre sua autenticidade, com as controvérsias sobre a autoria atribuída a Annalisa Cima e eu penso que, deixando de lado as polêmicas, seria o caso de interrogar os textos.

Estou convencida e abordei esta questão no 'Il Nome Delle Donne' (2005), sobre o interessante trabalho de cooperação entre o idoso poeta e sua última Musa: aqueles poemas são muito 'montalianos', não sei se são de Montale, mas o que os torna interessantes é justamente este nó da questão. Poderia a psicanálise fornecer uma interpretação também a este respeito?"

Para finalizar, pedimos à Professora Baldissone, que nos falasse, ainda que brevemente, de suas pesquisas sobre Montale.

Baldissone: "*O meu trabalho acerca de Montale partiu do 'Il male di scrivere' (1979) que se tornou o único livro de crítica psicanalítica daquela época*".

Em seguida me foi proposto que eu focalizasse as relações do poeta com as figuras femininas (Le muse di Montale, 1996) e depois vários outros textos e então o capítulo dedicado a Montale em 'Il nome delle donne' (2005).

Num arco de tempo assim vasto, algumas escolhas metodológicas mudaram, por exemplo, não utilizo mais um método de análise de tipo essencialmente psicanalítico como em 'Il male di scrivere', porque me convenci da utilidade de empregar todos os métodos no que eles têm de mais interessante a oferecer como instrumento de trabalho. Por exemplo, ainda estou profundamente convencida da utilidade do método de Charles Mauron (Das metáforas obsessivas ao mito pessoal) que utilizei em 'Il male di scrivere', mas hoje eu não aplicaria de modo esquemático as grades de análise, embora graças a estas consegui que emergissem algumas obsessões de Montale.

Simplesmente acredito que uma análise mais rica e complexa que tenha em conta também outros métodos, possa dar resultados ulteriores. Na Itália aconteceram excessos na aplicação da análise psicanalítica aos textos literários, até chegar a se esquecer o texto literário e psicanalisar diretamente o poeta 'in absentia'.

De qualquer maneira, as figuras femininas de Montale, mais Musas do que Mulheres representam, para mim, o fulcro de minha interpretação de Montale, com uma tripartição entre figuras míticas da poesia:

A mulher superior (que é encabeçada pela mãe do poeta, mas chega a Clizia), a mulher irmã (encabeçada pela irmã Marianna, mas chega á sua mulher Mosca), a mulher barbuda (que se refere à primeira governanta, Maria Bardigoni).

Estas tipologias frequentemente têm pontos de contato entre elas, e percorrem toda a obra do poeta".

Notas:

1- Gioanola, E. "La critica Psicanalítica" in *Studi di Filologia e Letteratura*, Bulzoni Editore, Genova, 1992.

2- Gioanola, E. op.cit. p.679.

3- Gioanola, E. op.cit. pp.679-680.

4- Econômico-pulsional diz respeito a um primeiro modelo de mente neurofisiológico hidrostático, inspirado na anatomia.

comparada, na embriologia e na arqueologia : a energia psíquica dos impulsos (vida e morte) busca satisfação para o corpo e suas necessidades.

5- Gioanola, E. op.cit. p.680.

6- Cf."Un Recuerdo Infantil de Leonardo da Vinci" in: *Sigmund Freud – Obras Completas*. Madrid, Editorial Biblioteca

Nueva, 1968. Vol. II, p.457.

7- Gioanola, E. op.cit. p.682.

8- Gioanola, E. op.cit. p.683.

9- Gioanola, E. idem, ibidem.

10- Ricoeur, P. in *Il conflitto delle interpretazioni*, Milano, Jaca Book, p. 157, citado apud Gioanola, E. , op.cit. p.682

11- Lacan, J. *La cosa freudiana*. Torino, Einaudi, 1973.

12- Matte Blanco, I. *L'inconscio come insieme infiniti – Saggio sulla bi-logica*. Torino, Einaudi, 1981 (ed. original

espanhola, 1975).

13- Jung, G. *IL problema dell'inconscio nella psicologia moderna*. Torino, Einaudi, 1976, p.31.

14- Bachelard, G. *apud* Gioanola, E. op.cit.p. 695.

15- Durand, G. *apud* Gioanola, E. op.cit. p.695.

16- Kris, E. *apud* Gioanola, E. op.cit. p.695.

17- Gombrich, E. *Freud e la psicologia dell'arte*. Torino, Einaudi, 1967, p.27.

18- Chasseguet Smirgel, J. *Per una Psicoanalisi della Creatività e dell'arte*. Milano, Raffaello Cortina Ed., 1989.

19- Mauron, C. *Dalle Metafore Ossessive al Mito Personale*. Milano, Il Saggiatore, 1966.

20- Fornari, F. *apud* Gioanola, E. op.cit. p.704.

21- Agosti, S. *Il testo poetico*. Milano, Rizzoli, 1972.

22- Agosti, S. *apud* Gioanola, E. op.cit., p.709.

23- Orlando, F. *apud* Gioanola, E. op cit. p.709   (p.701.)

24- Lavagetto, M. *Freud la letteratura e altro*. Torino. Einaudi Ed., 1985.

25- Lavagetto, M. *La Gallina di Saba*. cit.p.48, apud Gioanola, E., op.cit.

PARTE II

UM ESTUDO ACERCA DA CRIAÇÃO DAS FORMAS POÉTICAS EM EUGENIO MONTALE

Capítulo IV

Buscando as Origens do Impulso Criador em Eugenio Montale

Escolhemos a obra poética de Montale para analisar os processos criativos, tais como se apresentam em obras de arte, pois a leitura de alguns de seus poemas fez surgir em nós imagens de diferente natureza, que parecem tocar o arcaico e o criativo da personalidade.

Ao prosseguir na leitura de sua obra pudemos ir colhendo características cada vez mais complexas. A pregnância da paisagem de sua infância, a presença do mar e dos rochedos da Ligúria (Itália) constituiu o contexto de sua primeira coletânea *"Ossi di Seppia"* (1928). Nesta, o clima emocional transborda e se esparrama em seus poemas e ele se sente fortemente derrotado pela palavra que julga não conter nem simbolizar seus estados de mente poéticos.

Outro aspecto de seu estilo é o apego aos objetos que testemunham eventos que ele transformou em versos. Muito a crítica escreveu a este respeito e nos parece uma estratégia do poeta para ancorar a expressão de seu estado emocional.

Sua segunda coletânea, *"Le Occasioni"* (1939) mostra um poeta mais maduro, com maior continência das emoções, expressando-as por meio de objetos a fim de fixar tais emoções e as transformar em significados-símbolos.

A concepção de Montale acerca da condição humana e da criatividade tem pontos de aproximação com a vertente da Psicanálise atual que parte dos referenciais teóricos de W. Bion e de D. Meltzer – e esta é outra característica deste poeta que motivou nossa escolha. Acresce-se ainda que Montale pensou e escreveu muito acerca da poesia, de como é possível fazer poesia, chegando a realizar uma metapoesia, tornando-se para este nosso estudo um interlocutor precioso e estimulante.

Na primeira coletânea poética (Ossi di Seppia – 1925) de Montale, os versos sugerem um querer libertar-se das correntes e dos muros que enclausuram o poeta: Cerca una maglia rotta nella rete/ che ci stringe, tu balza fuori, fuggi! [procura um pónto solto no arrastão / que nos aperta, pula fora, foge!] em círculos que se repetem Il frullo che tu senti non è un volo, / ma il commuoversi dell'eterno grembo;/ [O adejar que sentes não é um vôo / é o comover-se do regaço eterno;/], que vedam novas vias de acesso, que impedem a percepção de novos mundos. O poeta se debate entre permanecer num estado de mente em que o tempo é circular, em que tudo pode voltar às origens (segurança e prisão) e seguir adiante, para o desconhecido, o terror do nada, o caos da realidade, o disperso, o incongruente, o sem um sentido visível.

Eugenio Montale(1896- 1981) nascido em Genova, Itália, recebeu o premio Nobel em 1975. Para maiores dados biográficos ver no cap II e cap III do livro Eugenio Montale editado em 2001 pelo Atelier.

*Veja-se o poema In **Limine**:*

In Limine (No Limiar)

Godi se il vento ch'entra nel pomario	*Goza se o vento que entra no pomar*
vi rimena l'ondata della vita:	*vem agitar a onda da existência:*
qui dove affonda un morto	*aqui onde afunda um morto*
viluppo di memorie,	*enredo de memórias,*
orto non era, ma reliquario.	*horto não era, mas relicário.*

Il frullo che tu senti non è un volo,	*O adejar que tu sentes não é um vôo,*
ma il commuoversi dell'eterno grembo;	*é o comover-se do regaço eterno;*
vedi che si trasforma questo lembo	*vê que se transforma essa nesga*
di terra solitario in un crogiuolo.	*de terra solitária num crisol.*
Un rovello è di qua dall'erto muro.	*Um tormento está aquém do íngreme muro.*
Se procedi t'imbatti	*Se prossegues deparas*
tu forse nel fantasma che ti salva:	*tu talvez no fantasma que te salva:*
si compongono qui le storie, gli atti	*compõem-se aqui as histórias, os atos*
scancellati pel giuoco del futuro.	*cancelados no jogo do futuro.*
Cerca una maglia rotta nella rete	*Procura um ponto solto no arrastão*
che ci stringe, tu balza fuori, fuggi!	*que nos aperta, tu pula fora, foge!*
Va, per te l'ho pregato, - ora la sete	*Vá, por ti o implorei, - agora a sede*
mi sarà lieve, meno acre la ruggine...	*ser-me-á mais leve, menos acre a ferrugem.*

É um percurso que vai sofrendo transformações, num diálogo contínuo que vai da negatividade e da desesperança, *la tonaca* [a túnica] do poema abaixo – que reveste a essência do ser e o enclausura, levando-o à imobilidade – à esperança que entre luz por alguma fresta – metáfora de uma vida em liberdade.

Ciò che di me sapeste (O que de mim soubestes)

Ciò che di me sapeste	*O que de mim soubestes*
non fu che la scialbatura,	*foi só a rebocadura*
la tonaca che riveste	*a túnica que reveste*
la nostra umana ventura.	*a nossa humana ventura*

Ed era forse oltre il telo	*E estava quiçá além do véu*
l'azzurro tranquillo;	*o azul tranqüilo;*
vietava il limpido cielo	*vedava o límpido céu*
solo un sigillo.	*só um sigilo.*
O vero c'era il falòtico	*Ou seja o bizarro é que havia,*
mutarsi della mia vita,	*mudar-se do meu existir,*
lo schiudersi d'un'ignita	*um torrão ígneo a se abrir*
zolla che mai vedrò.	*candente que eu não veria.*
Restò così questa scorza	*Restou assim essa cortiça*
la vera mia sostanza;	*minha vera substância;*
il fuoco che non si smorza	*o fogo que se reatiça*
per me si chiamò: l'ignoranza.	*por mim chamou-se: ignorância.*
Se un'ombra scorgete, non è	*Se sombra verdes, não a chamai*
un'ombra – ma quella io sono.	*sombra – aquela eu sou.*
Potessi spiccarla da me,	*Pudesse de mim arrancá-la,*
offrirvela in dono.	*oferecê-la em dom.*

Esse diálogo inicia-se com *Meriggiare [Sestear]* (1916), o primeiro poema que o poeta escreveu.

Os estados de mente a que o poeta alude parecem não ter um antes e um depois, sequência, começo, meio ou fim. Tais estados vão se sucedendo e se abrindo a diálogos, até surgir alguma transformação. Alguns estados de mente parecem acompanhá-lo ao longo de toda a obra e assemelham-se a verdadeiras obsessões, estados de mente reiterados em busca de transformação.

O "permanecer imóvel" e o "seguir adiante" podem ser percebidos tanto no poema *In Limine*, como em *Meriggiare*:

Meriggiare pallido e assorto (Sestear palido e absorto)

Meriggiare pallido e assorto	Sestear pálido e absorto
presso un rovente muro d'orto,	no escaldante muro do horto,
ascoltare tra i pruni e gli sterpi	escutar entre espinhos e abrolhos
schiocchi di merli, frusci di serpi.	estalos de melros, roçar de serpes.
Nelle crepe del suolo o su la veccia	Nas gretas do solo ou sobre a vicia
spiar le file di rosse formiche	espiar as filas de roxas formigas
ch'ora si rompono ed ora s'intrecciano	que ora se rompem e ora se entrançam
a sommo di minuscole biche.	no topo de minúsculas medas.
Osservare tra frondi il palpitare	Observar entre os ramos o palpitar
lontano di scaglie di mare	distante de escamas do mar
mentre si levano tremuli scricchi	enquanto se erguem trêmulos repiques
di cicale dai calvi picchi.	de cigarras dos calvos picos.
E andando nel sole che abbaglia	E andando no sol que ofusca
sentire con triste meraviglia	sentir com triste maravilha
com´è tutta la vita e il suo travaglio	como está toda vida e sua labuta
in questo seguitare una muraglia	neste ir adiante uma muralha
che ha in cima cocci aguzzi di bottiglia.	com sobre agudos cacos de botelha.

Imagens Oníricas e Formas Poéticas
Um Estudo da Criatividade

O seguir adiante é sentido pelo sujeito do poema como o defrontar-se com um fantasma que o salva da inércia, mas que o põe diante de uma triste percepção, a de que a vida é uma muralha encimada por cacos de vidro. A certeza de que a vida é uma muralha intransponível, a não ser que se sangre nos *cocci di bottiglia* [cacos de botelha], é transformada numa possibilidade de salvação: *il fantasma que ti salva* [o fantasma que te salva].

Em *In Limine*, o avançar apresenta-se, às vezes, como uma possibilidade implausível: *Cerca una maglia rotta nella rete / che ci stringe, tu balza fuori, fuggi! (...)* [Procura um ponto solto no arrastão / que nos aperta, pula fora, foge!].

As descobertas que permitem entrar nos segredos da existência são expressas por fios a desembaraçar, por frestas, portas entreabertas, por um anel que não segura. Onde não há conflitos, há silêncios reveladores, conforme se lê na terceira estrofe de *I Limoni*:

I Limoni (Os Limões)

Ascoltami, i poeti laureati	*Ouve, os poetas laureados*
si muovono soltanto fra le piante	*movem-se apenas entre plantas*
dai nomi poco usati; bossi ligustri o acanti.	*de nomes pouco usados: buxo ligustro ou acanto.*
Io, per me, amo le strade che riescono agli erbosi	*Eu, por mim, amo os caminhos que me levam aos herbosos*
fossi dove in pozzanghere	*fossos onde nas poças*
mezzo seccate agguantano i ragazzi	*já meio secas meninos agarram*
qualche sparuta anguilla:	*alguma esquálida enguia:*

le viuzze che seguono i ciglioni,	as veredas que seguem pelas bordas,
discendono tra i ciuffi delle canne	descem por entre os tufos de caniços
e mettono negli orti, tra gli alberi dei limoni.	e dão nas hortas, entre os pés dos limões.
Meglio se le gazzarre degli uccelli	Melhor se as algazarras dos pássaros
si spengono inghiottite dall'azzurro:	se apagam engolidas pelo azul:
più chiaro si ascolta il susurro	mais claro ouve-se o sussurro
dei rami amici nell'aria che quasi non si muove,	dos ramos amigos no ar que mal se move,
e i sensi di quest'odore	e os sensos deste cheiro
che non sa staccarsi da terra	que não sabe soltar-se da terra
e piove in petto una dolcezza inquieta.	e chove no peito uma doçura inquieta.
Qui delle divertite passioni	Aqui das divertidas paixões
per miracolo tace la guerra,	cala por milagre a guerra,
qui tocca anche a noi poveri la nostra parte di ricchezza	aqui cabe a nós pobres também nosso quinhão de riqueza
ed è l'odore dei limoni	e é o cheiro dos limões.
Vedi, in questi silenzi in cui le cose	Vê nesses silêncios em que as coisas
s'abbandonano e sembrano vicine	se entregam e parecem prestes
a tradire il loro ultimo segreto,	a trair seu último segredo,
talora ci si aspetta	é a hora em que se espera
di scoprire uno sbaglio di Natura,	descobrir um erro de Natura,
il punto morto del mondo, l'anello che non tiene,	o ponto morto do mundo, o elo que não segura,
il filo da disbrogliare che finalmente ci	o fio a desembaraçar que finalmente nos

Imagens Oníricas e Formas Poéticas
Um Estudo da Criatividade

metta	*ponha*
nel mezzo di una verità.	*no meio de uma verdade.*
Lo sguardo fruga d'intorno,	*O olhar busca ao redor,*
la mente indaga accorda disunisce	*a mente indaga conjuga desacorda*
nel profumo che dilaga	*no perfume que inunda*
quando il giorno più languisce.	*quanto o dia mais esmorece.*
Sono i silenzi in cui si vede	*São os silêncios em que se vê*
in ogni ombra umana che si allontana	*em cada sombra humana que se afasta*
qualche disturbata Divinità.	*alguma perturbada Divindade.*
Ma l'illusione manca e ci riporta il tempo	*Mas a ilusão se desfaz e nos devolve o tempo*
nelle città rumorose dove l'azzurro si mostra	*às cidades ruidosas onde o azul se mostra*
soltanto a pezzi, in alto, tra le cimase.	*só aos pedaços, no alto, entre as cimalhas.*
La pioggia stanca la terra, di poi;	*A chuva cansa a terra, depois;*
s'affolta	*adensa-se*
il tedio dell'inverno sulle case,	*o tédio do inverno sobre as casas,*
la luce si fa avara – amara l'anima.	*a luz torna-se avara – amarga a alma.*
Quando un giorno da un malchiuso portone	*Quando um dia de um portão mal cerrado*
tra gli alberi di una corte	*por entre as árvores de um pátio*
ci si mostrano i gialli dei limoni;	*aparece o amarelo dos limões;*
e il gelo del cuore si sfa,	*e o gelo no coração se desfaz,*
e in petto ci scrosciano	*e no peito nos despejam*
le loro canzoni	*suas canções*
le trombe d'oro della solarità.	*as trompas d'ouro da solaridade.*

Trata-se de uma ilusão, pois volta o tempo de todo dia, a rotina, o tédio e a alma se amargura. Até que retorne aquele dia em que, de um portão mal fechado, de uma fresta, se possa ver o amarelo dos limões.

A luz do sol, num retorno às emoções que descongelam o coração, encontra-se também em *Portami il girasole impazzito di luce* [traga-me o girassol enlouquecido de luz], o poema que segue:

Em *Corno Inglese (OS)*, o poeta deseja que o vento – representação de forte movimento emocional – possa tocar um coração esquecido / desafinado. Há o desejo de libertar-se da imobilidade para viver as emoções: *suonasse te pure stasera / scordato strumento / cuore*. [te soasse também, esta noite/, desafinado instrumento/ coração].

Em *Falsetto*, a personagem Esterina lança-se ao mar, sem medo, certa

Portami il girasole ch'io lo trapianti
(Traga-me o girassol que eu o transplante)

Portami il girasole ch'io lo trapianti	*Traga-me o girassol que eu o transplante*
nel mio terreno bruciato dal salino,	*em meu terreno queimado a sal marinho,*
e mostri tutto il giorno agli azzurri specchianti	*e mostre o dia inteiro aos azuis espelhantes*
del cielo l'ansietà del suo volto giallino.	*do céu a ansiedade em seu rosto amarelinho.*
Tendono alla chiarità le cose oscure,	*Tende à claridade o que é obscuro,*
si esauriscono i corpi in un fluire	*se exaurem os corpos num fluir*
di tinte: queste in musiche. Svanire	*de tintas: estas em músicas. Esvair*
è dunque la ventura delle venture.	*é portanto a ventura das venturas.*
Portami tu la pianta che conduce	*Traga-me você a planta que conduz*
dove sorgono bionde trasparenze	*onde surgem loiras transparências*
e vapora la vita quale essenza;	*e exala a vida qual essência;*
portami il girasole impazzito di luce.	*traga-me o girassol enlouquecido de luz.*

de ser agarrada, enquanto o poeta sente-se mais seguro em terra, pois não consegue se entregar ao presente e ser apenas sensação e emoção, mas tende a especular sobre o sentido, o significado.

Seria Esterina um ego ideal de Montale? Um emblema da vitalidade?

Corno Inglese (Corno Ingles)

Il vento che stasera suona attento	*O vento que essa noite soa atento*
- ricorda un forte scotere di lame –	*- recorda um forte sacudir de chapas -*
gli strumenti dei fitti alberi e spazza	*instrumentos de densas plantas e varre*
l'orizzonte di rame	*o horizonte de cobre*
dove strisce di luce si protendono	*onde réstias de luz se estendem*
come aquiloni al cielo che rimbomba	*feito pandorgas ao céu que retumba.*
(Nuvole in viaggio, chiari	*(Nuvens viajantes, claros*
reami di lassù! D'alti Eldoradi	*reinos de cima! De altos Eldorados*
malchiuse porte!)	*mal-cerradas portas!)*
e il mare che scaglia a scaglia,	*e o mar que escama a escama,*
livido, muta colore,	*lívido, muda sua cor,*
lancia a terra una tromba	*atira à terra sua trompa*
di schiume intorte;	*de espumas torcidas;*
il vento che nasce e muore	*o vento que nasce e morre*
nell'ora che lenta s'annera	*na hora que lenta enegrece*
suonasse te pure stasera	*te soasse também esta noite,*
scordato strumento,	*desafinado instrumento*
cuore.	*coração.*

Tal vitalidade aparece como um vir a ser em *Quasi una Fantasia (OS)*. Em versos construídos em tempo futuro, como num faz de conta, do sujeito do poema transborda uma força que, sem seu conhecimento, há tempo existia nele. E constrói-se um cenário imaginário que não

Falsetto (Falseto)

Esterina, i vent'anni ti minacciano,	*Esterina, os vinte anos te ameaçam,*
grigiorosea nube	*nuvem cinza-rosa*
che a poco a poco in sè ti chiude.	*que aos poucos em si te encerra.*
Ciò intendi e non paventi.	*Tu percebes e não temes.*
Sommersa ti vedremo	*Submersa te veremos*
nella fumea che il vento	*na névoa que o vento*
lacera o addensa, violento.	*lacera ou adensa, violento.*
Poi dal fiotto di cenere uscirai	*Depois, do jorro das cinzas sairás*
adusta più che mai,	*adusta como nunca,*
proteso a un'avventura più lontana	*disposto a uma aventura mais distante*
l'intento viso che assembra	*o intento rosto que lembra*
l'arciera Diana.	*a arqueira Diana.*
Salgono i venti autunni,	*Sobem os vinte outonos,*
t'avviluppano andate primavere;	*te envolvem passadas primaveras;*
ecco per te rintocca	*eis que por ti repica*
un presagio nell'elisie sfere.	*um presságio nas elísias esferas.*
Un suono non ti renda	*Que um som percutindo*
qual d'incrinata brocca	*como de jarro rachado*
percossa!; io prego sia	*não te abata!; rogo seja*
per te concerto ineffabile	*para ti inefável concerto*
di sonagliere.	*de guizos.*
La dubbia dimane non t'impaura.	*O dúbio amanhã não te amedronta.*
Leggiadra ti distendi	*Airosa tu te estendes*
sullo scoglio lucente di sale	*no recife de sal reluzente*
e al sole bruci le membra.	*e ao sol te amorenas.*
Ricordi la lucertola	*Lembras a lagartixa*
ferma sul masso brullo;	*fixa na rocha nua;*
te insidia giovinezza,	*a ti insidia a juventude,*
quella il lacciòlo d'erba del fanciullo.	*àquela, o laço de erva do menino.*
L'acqua è la forza che ti tempra,	*A água é força que te tempera,*
nell'acqua ti ritrovi e ti rinnovi:	*na água te reencontras e renovas:*

noi ti pensiamo come un'alga, un ciottolo,	*nós te pensamos como uma alga, um seixo,*
come un'equorea creatura	*qual uma equórea criatura*
che la salsedine non intacca	*que a maresia não ataca*
ma torna al lito più pura.	*mas volve à praia mais pura.*
Hai bem ragione tu! Non turbare	*Razão tens tu! Não turvar*
di ubbie il sorridente presente.	*de cismas o sorridente presente.*
La tua gaiezza impegna già il futuro	*A tua alegria empenha já o futuro*
ed un crollar di spalle	*e um sacudir de ombros*
dirocca i fortilizî	*desmonta as fortalezas*
del tuo domani oscuro.	*de teu amanhã obscuro.*
T'alzi e t'avanzi sul ponticello	*Ergues-te e avanças pelo pontilhão*
esiguo, sopra il gorgo che stride:	*exíguo, sobre o vórtice que chia:*
il tuo profilo s'incide	*o teu perfil se entalha*
contro uno sfondo di perla.	*sobre um fundo de pérola.*
Esiti a sommo del tremulo asse,	*Hesitas no limiar trêmulo da tábua,*
poi ridi, e come spiccata da un vento	*depois ris, e como solta por um vento*
t'abbatti fra le braccia	*entre os braços te atiras*
del tuo divino amico che t'afferra.	*de teu divino amigo que te agarra.*
Ti guardiamo noi, della razza	*Te olhamos nós, da raça*
di chi rimane a terra.	*dos que ficam na terra.*

seria perturbado pelos sons da realidade externa, capazes de quebrar o encantamento.

A vida é um *continuum* em que a experiência emocional acontece ininterruptamente e, para expressá-la para si mesmo e para os outros, é preciso representá-la simbolicamente.

Para o poeta, a representação se dá pela palavra. Entretanto,

Quase uma Fantasia (Quase uma fantasia)

Raggiorna, lo presento	*Amanhece, pressinto-o*
da un albore di frusto	*por um alvor de prata*
argento alle pareti:	*gasta nas paredes:*
lista un barlume le finestre chiuse.	*risca um claror as janelas cerradas.*
Torna l'avvenimento	*Volta o acontecimento*
del sole e le diffuse	*do sol e as espalhadas*
voci, i consueti strepiti non porta.	*vozes, os usuais estrépitos não traz.*
Perchè? Penso ad un giorno d'incantesimo	*Por quê? Penso num dia de encantamento*
e delle giostre d'ore troppo uguali	*e dos carrosséis de horas sempre iguais*
mi ripago. Traboccherà la forza	*me repago. Transbordará a força*
che mi turgeva, incosciente mago,	*que me turgia, inconsciente mago,*
da grande tempo. Ora m'affaccerò	*há muito tempo. Vou debruçar-me agora,*
subisserò alte case, spogli viali.	*abismarei altas casas, vias desnudas.*
Avrò di contro un paese d'intatte nevi	*Terei diante uma terra de intocadas neves*
ma lievi come viste in un'arazzo.	*mas leves, como vistas numa trama.*
Scivolerà dal cielo bioccoso un tardo raggio.	*Descerão do céu de flocos tardios raios.*
Gremite d'invisibile luce selve e colline	*Cheias de invisível luz, selvas e outeiros*
mi diranno l'elogio degl'ilari ritorni.	*dirão do elogio do retorno hilar.*
Lieto leggerò i neri	*Ledo lerei os negros*
segni dei rami sul bianco	*sinais dos ramos no branco*
come un essenziale alfabeto.	*qual alfabeto essencial.*
Tutto il passato in un punto	*Todo o passado num ponto*
dinanzi mi sarà comparso.	*diante de mim terá surgido.*
Non turberà suono alcuno	*Não haverá som que perturbe*
quest'allegrezza solitaria.	*esta alegria sem par.*
Filerà nell'aria	*Adejará no ar*
o scenderà s'un paletto	*ou descerá numa estaca*
qualche galletto di marzo.	*algum galo de março.*

Imagens Oníricas e Formas Poéticas
Um Estudo da Criatividade

Montale considera a palavra insuficiente para representar a essência de sua experiência.

Também o referencial psicanalítico por nós adotado vê a palavra como incapaz de conter toda a experiência emocional do indivíduo, com toda sua representação pré-verbal. Gestos, mímicas, ritmos, pausas, entoações – para citar alguns dos elementos expressivos que acompanham o discurso verbal – completam a representação da experiência emocional.

Mas é pela palavra que Montale tenta superar tal limitação.

Como ele realiza a transformação de seu estado de mente onírico em poesia? Em *Ossi di Seppia* ele tenta emergir do estado de contemplação de um mundo em que ele *meriggia* [faz a sesta] e no qual busca uma verdade, um elo perdido, como em: *Vedi, in questi silenzi in cui le cose s'abbandonano e sembrano vicine / a tradire il loro ultimo segreto, / talora ci si aspetta / di scoprire uno sbaglio di Natura, / il punto morto del mondo, l'anello che non tiene, / il filo da disbrogliare che finalmente ci metta / nel mezzo di una verità. / I Limoni (OS)* [Vê nesses silêncios em que as coisas / se entregam e parecem prestes / a trair seu último segredo, / é a hora em que se espera / descobrir um erro de nascença, / o ponto morto do mundo, o elo que não segura, / o fio a desembaraçar que finalmente nos ponha / no meio de uma verdade.]

Dos silêncios, das experiências sensoriais, cheiros, sussurros e sombras humanas parece emergir um segredo, uma divindade: *Sono i silenzi in cui si vede / in ogni ombra umana che si allontana / qualche disturbata Divinitá. I Limoni (OS)* [São os silêncios em que se vê / em cada sombra humana que se afasta / alguma perturbada Divindade].

A sombra, metáfora da vida interior, com a qual o indivíduo precisa manter-se em contato e não descuidá-la, se lê em *Non chiederci la parola che squadri da ogni lato (OS)*:

> *Ah l'uomo che se ne va sicuro, / agli altri ed a*

se stesso amico, / e l'ombra sua non cura che la canicola / stampa sopra uno scalcinato muro! /
[Ah o homem que vai seguro/ aos outros e a si mesmo amigo / e sua sombra não cuida que a canícula / estampa num desgastado muro]

É a sombra que ainda é invocada como sendo a essência do indivíduo (do eu lírico):

Se un'ombra scorgete, non è / un'ombra – ma quella io sono. / Potessi spiccarla da me, /

Non chiederci la parola che squadri da ogni lato (Não nos peça a palavra....)

Non chiederci la parola che squadri da ogni lato	Não nos peça a palavra que enquadre de todo lado
l'animo nostro informe, e a lettere di fuoco	nossa alma informe e em digitos de fogo
lo dichiari e risplenda come un croco	o declare e reluza feito um croco
perduto in mezzo a un polveroso prato.	solto no meio de um poeirento prado.
Ah l'uomo che se ne va sicuro,	Ah o homem que se vai seguro,
agli altri ed a se stesso amico,	de outrem e de si próprio amigo,
e l'ombra sua non cura che la canicola	e sua sombra não cuida que a canícula
stampa sopra uno scalcinato muro!	estampa num desgastado muro!
Non domandarci la formula che mondi possa aprirti,	Não nos pergunte fórmula que mundos possa abrir-te,
sì qualche storta sillaba e secca come un ramo.	sim certa sílaba torta e seca como um ramo.
Codesto solo oggi possiamo dirti,	Apenas isso hoje podemos dizer,
Ciò che non siamo, ciò che non vogliamo.	o que não somos, o que não desejamos.

offrirvela in dono. [Se sombra vir, não vá chamá-la / sombra – aquela eu sou / Pudesse de mim arrancá-la / e oferecê-la em dom.] Ciò che di me sapeste (OS).

A sombra aparece ainda como uma contraparte do indivíduo, como refúgio:

No ciclo *Mediterraneo 7(OS)* (1) ocorre um acerto de contas com o mar-pai, em que o eu lírico tenta circunscrever sua própria identidade, diferenciando-a da entidade mítica, do pai severo:

Non rifugiarti nell'ombra (Não te abrigues na sombra)

Non rifugiarti nell'ombra	Não te abrigues na sombra
di quel folto di verzura	daquele denso verdor
come il falchetto che strapiomba	como o falcão desapruma
fulmineo nella caldura.	fulmíneo, no calor.
È ora di lasciare il canneto	É hora de deixar os caniços
stento che pare s'addorma	ralos que adormecem à toa
e di guardare le forme	e de olhar para as formas
della vita che si sgretola.	da vida que se esboroa.
Ci muoviamo in un pulviscolo	Movemo-nos num pulvísculo
madreperlaceo che vibra,	anacarado que vibra,
in un barbaglio che invischia	em um claror que envisga
gli occhi e un poco ci sfibra.	os olhos e nos desfibra.
Pure, lo senti, nel gioco d'aride onde	Também, o sentes, no jogo das áridas ondas
che impigra in quest'ora di disagio	que empreguiça nesta hora maçante

non buttiamo già in un gorgo senza fondo	*não joguemos já num remoinho sem fundo*
le nostre vite randage.	*as nossas vidas errantes.*
Come quella chiostra di rupi	*Como a cerca de despenhadeiros*
che sembra sfilacciarsi	*que parece esgarçar-se*
in ragnatele di nubi;	*em nuvens de aranheiras;*
tali i nostri animi arsi	*tais nossas áridas almas*
in cui l'illusione brucia	*em que a ilusão queima*
un fuoco pieno di cenere	*um fogo cheio de cinzas*
si perdono nel sereno	*perdem-se no sereno*
di una certezza: la luce.	*de uma certeza: a luz.*

Na elaboração da relação mar-pai / poeta-filho ocorre o reconhecimento da ligação afetiva e de seus frutos, conforme pode ser visto em Mediterrâneo 2:

Avrei voluto sentirmi scabro ed essenziale
(Queria ter-me sentido áspero e essencial)

Avrei voluto sentirmi scabro ed essenziale	*Queria ter-me sentido áspero e essencial*
siccome i ciottoli che tu volvi,	*como as pedras que tu revolves,*
mangiati dalla salsedine;	*corroidas de salsugem;*
scheggia fuori del tempo, testimone	*lasca fora do tempo, testemunha*
di una volontà fredda che non passa.	*de uma vontade fria que não passa.*
Altro fui: uomo intento che riguarda	*Outrem fui: homem intento a olhar*
in sé, in altrui, il bollore	*em si, nos outros, a fervura*
della vita fugace – uomo che tarda	*da vida fugaz – homem que tarda*

all'atto, che nessuno, poi, distrugge.	ao ato, que ninguém, depois, destrói.
Volli cercare il male	Quis procurar o mal
che tarla il mondo, la piccola stortura	que rói o mundo, o detalhe torto
d'una leva che arresta	de uma alavanca que pára
l'ordegno universale; e tutti vidi	o engenho universal, e vi todos
gli eventi del minuto	os eventos do minuto
come pronti a disgiungersi in un crollo.	como prestes a desunir-se numa queda.
Seguìto il solco d'un sentiero m'ebbi	Se seguia o sulco de um caminho, o
l'opposto in cuore, col suo invito; e forse	oposto me tentava o coração; e talvez
m'occorreva il coltello che recide,	me faltasse a lâmina que corta,
la mente che decide e si determina.	a mente que decide e determina-se.
Altri libri occorrevano	De outros livros precisava
a me, non la tua pagina rombante.	não de tua página troante.
Ma nulla so rimpiangere; tu sciogli	Mas nada lamento; tu desatas
ancora i groppi interni col tuo canto.	ainda os nós internos com teu canto.
Il tuo delirio sale agli astri ormai.	O teu delírio sobe aos astros enfim.

Ele segue, com rancor, sua própria tendência em busca da identidade, ainda imperfeitamente delineada:

Antico sono ubriacato dalla voce (Antigo, estou embriagado pela voz)

Antico, sono ubriacato dalla voce	Antigo, estou embriagado pela voz
ch'esce dalle tue bocche quando si schiudono	que sai de tuas bocas ao descerrar-se
come verdi campane e si ributtano	como verdes sinos e ao atirar-se
indietro e si disciolgono.	para trás, se desfazerem.
La casa delle mie estati lontane	A casa de meus verões longínquos
t'era accanto, lo sai,	junto a ti estava, o sabes,

là nel paese dove il sole cuoce	*lá na aldeia onde o sol cozinha*
e annuvolano l'aria le zanzare.	*e há nuvens de mosquitos pelo ar.*
Come allora oggi in tua presenza impietro,	*Como então hoje em tua presença empedro,*
mare, ma non più degno	*mar, mas não mais digno*
mi credo del solenne ammonimento	*creio-me da solene admonição*
del tuo respiro. Tu m'hai detto primo	*de teu respiro. Disseste-me primeiro*
che il piccino fermento	*que o pequeno fermento*
del mio cuore non era che un momento	*de meu âmago não passava de um momento*
del tuo; che mi era in fondo	*do teu; que me era no fundo*
la tua legge rischiosa: esser vasto e diverso	*arriscada a tua lei: ser vasto e diverso*
e insieme fisso:	*e também fixo:*
e svuotarmi così d'ogni lordura	*e esvaziar-me assim dessa imundice*
come tu fai che sbatti sulle sponde	*como tu fazes que esbates contra a margem*
tra sugheri alghe asterie	*entre cortiças, algas, astérias*
le inutili macerie del tuo abisso.	*as inúteis escorias de teu abismo.*

Apesar de justificar o constrangimento de desgarrar-se do próprio rebanho, ele admite ter tentado preservar a relação mítica com o

Giunge a volte, repente (Chega às vezes de repente)

Giunge a volte, repente,	*Chega às vezes, de repente,*
un'ora che il tuo cuore disumano	*uma hora que teu coração desumano*
ci spaura e dal nostro si divide.	*nos assombra e do nosso se divide.*
Dalla mia la tua musica sconcorda,	*Da minha a tua música discorda,*
allora, ed è nemico ogni tuo moto.	*então, e inimigo é cada teu gesto.*
In me ripiego, vuoto	*A mim retorno, vazio*
di forze, la tua voce pare sorda.	*de forças, surda soa tua voz.*
M'affisso nel pietrisco	*Agarro-me ao cascalho*

che verso te digrada	que pouco a pouco desce
fino alla ripa acclive che ti sovrasta,	até à margem aclive sobrestante,
franosa, gialla, solcata	ruinosa, amarela, sulcada
da strosce d'acqua piovana.	por estalos de água pluvial.
Mia vita è questo secco pendio,	Minha vida é este seco declive,
mezzo non fine, strada aperta a sbocchi	meio não fim, estrada aberta a estuar
di rigagnoli, lento franamento.	em riachos, lento desabar.
È d'essa, ancora, questa pianta	É dela, ainda, esta planta
che nasce dalla devastazione	que nasce da devastação
e in faccia ha i colpi del mare ed è sospesa	e tem na face os golpes do mar e vem suspensa
fra erratiche forze di venti.	entre forças erráticas de ventos.
Questo pezzo di suolo non erbato	Este trecho de terra não ervado
s'è spaccato perchè nascesse una margherita.	gretou-se para nascer a margarida.
In lei titubo al mare che mi offende,	Nela titubeio ao mar que me injuria,
manca ancora il silenzio nella mia vita.	ainda falta o silêncio em minha vida.
Guardo la terra che scintilla,	Olho a terra que cintila,
l'aria è tanto serena che s'oscura.	o ar é tão sereno que escurece.
E questa che in me cresce	E este que em mim cresce
è forse la rancura	é talvez o rancor
che ogni figliuolo, mare, ha per il padre.	que cada filho, mar, tem pelo pai.

mar/pai:

O esforço demonstra-se inútil, mas, a despeito do desconforto que

Potessi almeno costringere (Pudesse ao menos constringir)

Potessi almeno costringere	Pudesse ao menos constringir
in questo mio ritmo stento	neste meu ritmo custoso

qualche poco del tuo vaneggiamento;	um pouco de teu desvario;
dato mi fosse accordare	fosse-me dado afinar
alle tue voci il mio balbo parlare: -	às tuas vozes meu balbucio:
io che sognava rapirti	eu que sonhava roubar-te
le salmastre parole	as salobras palavras
in cui natura ed arte si confondono,	em que natureza e arte se confundem,
per gridar meglio la mia malinconia	para gritar melhor minha melancolia
di fanciullo invecchiato che non doveva	de menino envelhecido que não devia
pensare.	pensar.
Ed invece non ho che le lettere fruste	Ao invés tudo que tenho são as letras frustas
dei dizionari, l'oscura	dos dicionários, e a obscura
voce che amore detta s'affioca,	voz que dita amor se enfraquece,
si fa lamentosa letteratura.	se faz lamentosa literatura.
Non ho che queste parole	Tudo que tenho são estas palavras
che come donne pubblicate	que como fêmeas feitas públicas
s'offrono a chi le richiede;	se oferecem a quem as requer;
non ho che queste frasi stancate	não tenho senão estas frases cansadas
che potranno rubarmi anche domani	que poderão roubar-me no amanhã
gli studenti canaglie in versi veri.	os estudantes canalhas em versos veros.
Ed il tuo rombo cresce, e si dilata	E teu estrondo cresce e se dilata
azzurra l'ombra nuova.	azul, a sombra nova.
M'abbandonano a prova i miei pensieri.	Abandonam-me em luta os pensamentos.
Sensi non ho; né senso. Non ho limite.	Sensos não tenho, nem sentido. Não tenho limite

isso lhe causa, serve-lhe para reforçar sua própria busca: *Ed invece non ho che le lettere fruste / dei dizionari, l'oscura / voce che amore detta s'affioca, / si fa lamentosa letteratura.* [Ao invés tudo que tenho são as letras frustras / dos dicionários, e a obscura / voz que dita amor se enfraquece, / se faz lamentosa literatura.]

Exaurido nessa especulação angustiante e sem resultados, indeciso, confinado a uma imobilidade sem paz, - sua voz poética fraca, quase silêncio - abandona definitivamente a esperança da conciliação existencial com o mar/pai e [... foge do mar de braços d'algas ...], verso do poema que vem a seguir:

L'agave su lo scoglio – Scirocco (A ágave sobre o escolho-Sciroco)

O rabido ventare di scirocco	*Ò raivoso ventar de sciroco*
che l'arsiccio terreno gialloverde	*que o árido terreno verdeouro*
bruci;	*queimas;*
e su nel cielo pieno	*e lá no pleno céu*
di smorte luci	*de mortas luzes*
trapassa qualche biocco	*trespassa algum floco*
di nuvola, e si perde.	*de nuvem e se perde.*
Ore perplesse, brividi	*Horas perplexas, frêmitos*
d'una vita che fugge	*de uma vida que foge*
come acqua tra le dita;	*como água entre os dedos:*
inafferrati eventi,	*desgarrados eventos,*
luci-ombre, commovimenti	*luzes-sombras, movimentos*
delle cose malferme della terra;	*de coisas vacilantes sobre a terra:*
oh alide ali dell'aria	*oh áridas asas do ar*
ora son io	*sou eu agora*
l'agave che s'abbarbica al crepaccio	*a ágave que se agarra à greta*
dello scoglio	*do escolho*
e sfugge al mare da le braccia d'alghe	*e foge do mar de braços d'algas*
che spalanca ampie gole e abbranca	*que escancara amplas guelas e agarra*
rocce;	*rochas;*
e nel fermento	*e no fermento*
d'ogni essenza, coi miei racchiusi bocci	*de cada essência, com meus botões fechados*
che non sanno più esplodere oggi sento	*que explodir mais não sabem hoje sinto*
la mia immobilità come un tormento.	*minha imobilidade qual tormento.*

Fugir do abraço do mar é, porém, negar-se ao fluxo da vida...

Flussi (Fluxos)

I fanciulli con gli archetti	Os meninos com suas fundas
spaventano gli scriccioli nei buchi.	assustam as corruíras nos buracos.
Cola il pigro sereno nel riale	Côa o lento sereno no riacho
che l'accidia sorrade,	que a preguiça arrasa,
pausa che gli astri donano ai malvivi	pausa que os astros doam aos malvivos
camminatori delle bianche strade.	caminhantes das ruas esbranquiçadas.
Alte tremano guglie di sambuchi	Altas tremem agulhas de sabugos
e sovrastano al poggio	e sobrestam o outeiro
cui domina una statua dell'Estate	a quem domina uma estátua do Verão
fatta camusa da lapidazioni;	de nariz chato por lapidações;
e su lei cresce un roggio	e nela cresce a ferrugem
di rampicanti ed un ronzio di fuchi.	das trepadeiras e um zumbir de zangões.
ma la dea mutilata non s'affaccia	Mas não aparece a deusa mutilada
e ogni cosa si tende alla flottiglia	e cada coisa estende-se à flotilha
di carta che discende lenta il vallo.	de papel que desce lenta o valo.
Brilla in aria una freccia,	Brilha no ar uma flecha,
si configge s'un palo, oscilla tremula.	crava-se num poste, oscila trêmula.
La vita è questo scialo	A vida é este desbarato
di triti fatti, vano	de gastos fatos, vão
più che crudele.	mais que cruel.
Tornano	Voltam
le tribù dei fanciulli con le fionde	as tribos de meninos com as fundas
se è scorsa una stagione od un minuto,	ao passar de um ano ou de um minuto,
e i morti aspetti scoprono immutati	e mortos veem aspectos imutados
se pur tutto è diruto	mesmo se tudo é destruído
e più dalla sua rama non dipende	e de seu ramo não mais depende
il frutto conosciuto.	o fruto conhecido.
Ritornano i fanciulli ...; così un giorno	Retornam os meninos...; assim um dia

il giro che governa	*o giro que governa*
la nostra vita ci addurrà il passato	*nossa vida nos levará ao passado*
lontano, franto e vivido, stampato	*longínquo, fracto e vívido, estampado*
sopra immobili tende	*sobre imóveis tendas*
da un'ignota lanterna. –	*por uma ignota lanterna.-*
E ancora si distende	*E ainda se distende*
un dòmo celestino ed appannato	*um domo cor-de-anil meio embaçado*
sul fitto bulicame del fossato:	*no espesso reboliço do fossado:*
e soltanto la statua	*e tão-somente a estátua*
sa che il tempo precipita e s'infrasca	*sabe que o tempo precipita e se enrama*
vie più nell'accesa edera.	*cada vez mais na hera avermelhada.*
E tutto scorre nella gran discesa	*E tudo escorre na grande descida*
e fiotta il fosso impetuoso tal che	*e marulha o fosso impetuoso tal que*
s'increspano i suoi specchi:	*se encrespam seus espelhos:*
fanno naufragio i piccoli sciabecchi	*vão a pique os minúsculos xavecos*
nei gorghi dell'acquiccia insaponata.	*nos gorgolões de água ensaboada.*
Addio! – fischiano pietre tra le fronde,	*Adeus! – silvam os seixos entre as frondes,*
la rapace fortuna è già lontana	*a rapace fortuna já está longe*
cala un'ora, i suoi volti riconfonde, -	*uma hora passa, seus vultos reconfunde, -*
e la vita è crudele più che vana.	*e a vida é cruel mais do que vã.*

...é também negar-se a uma nova florescência. Mas a esperança de um reflorescer retorna no poema a seguir:

Riviere (Marinas)

Riviere,	*Marinas,*
bastano pochi stocchi d'erbaspada	*bastam poucas hastes de erva-espada*
penduli da un ciglione	*pendendo de um talude*
sul delirio del mare;	*no delírio do mar;*

o due camelie pallide	*ou duas camélias pálidas*
nei giardini deserti,	*nos desertos jardins,*
e un eucalipto biondo che si tuffi	*e um eucalipto loiro que mergulhe*
tra sfrusci e pazzi voli	*por entre um farfalhar e loucos vôos*
nella luce;	*na luz;*
ed ecco che in un attimo	*e eis que num instante*
invisibili fili a me si asserpano,	*invisíveis fios em mim se enroscam,*
farfalla in una ragna	*borboleta em teia*
di fremiti d'olivi, di sguardi di girasoli.	*de olivais frementes e olhares de girassóis.*
Dolce cattività, oggi, riviere	*Doce catividade, hoje, marinas*
di chi s'arrende per poco	*de quem se entrega por pouco*
come a rivivere un antico giuoco	*como a reviver um jogo antigo*
non mai dimenticato.	*jamais deslembrado.*
Rammento l'acre filtro che porgeste	*Recordo o acre filtro que estendestes*
allo smarrito adolescente, o rive:	*ao perdido adolescente, ó margens:*
nelle chiare mattine si fondevano	*nas claras manhãs fundiam-se*
dorsi di colli e cielo; sulla rena	*dorsos de morro e céu; por sobre a areia*
dei lidi era un risucchio ampio, un eguale	*da orla era um sorver extenso, um igual*
fremer di vite,	*estremecer de vidas,*
una febbre del mondo; ed ogni cosa	*uma febre do mundo; e cada coisa*
in se stessa pareva consumarsi.	*em si mesma parecia consumir-se.*
Oh allora sballottati	*Oh então sacudidos*
come l'osso di seppia dalle ondate	*como o osso de siba pelas ondas*
svanire a poco a poco;	*aos poucos esvaecer;*
diventare	*tornar-se*
un albero rugoso od una pietra	*uma arvore rugosa ou uma pedra*
levigata dal mare; nei colori	*brunida pelo mar; nas cores*
fondersi dei tramonti; sparir carne	*fundir-se dos ocasos; sumir carne*
per spiccare sorgente ebbra di sole,	*para brotar fonte ébria de sol,*
dal sole divorata ...	*pelo sol devorada...*
Erano questi,	*Eram esses,*
riviere, i voti del fanciullo antico	*marinas, os votos do menino antigo*
che accanto ad una rósa balaustrata	*que ao lado de uma gasta balaustrada*
lentamente moriva sorridendo.	*lentamente esmorecia sorrindo.*

Quanto, marine, queste fredde luci	*Quanto, marinas, essas luzes frias*
parlano a chi straziato vi fuggiva.	*falam a quem aflito as relegava.*
lame d'acqua scoprentisi tra varchi	*lâminas d´água abrindo-se entre vãos*
di labili ramure; rocce brune	*de lábeis ramagens; escuras rochas*
tra spumeggi; frecciare di rondoni	*entre espumejos; flechar de andorinhões*
vagabondi	*errantes...*
Ah, potevo	*Ah, podia*
credervi un giorno o terre,	*em vós acreditar um dia, ó terras,*
bellezze funerarie, auree cornici	*belezas funerárias, áureas molduras*
all'agonia d'ogni essere.	*para a agonia de cada ser.*
Oggi torno	*Hoje retorno*
a voi più forte, o è inganno, ben che	*a vós mais forte, ou é engano, bem que*
il cuore	*o coração*
par sciogliersi in ricordi lieti – e atroci.	*parece derreter em ledo recordar – e atroz.*
Triste anima passata	*Triste alma passada*
e tu volontà nuova che mi chiami,	*e tu, vontade nova que me chamas,*
tempo è forse d'unirvi	*tempo é talvez de unir-vos*
in un porto sereno di saggezza.	*num porto sereno de sabedoria.*
Ed un giorno sarà ancora l'invito	*E um dia inda será o convite*
di voci d'oro, di lusinghe audaci,	*de vozes d´ouro, de audaz lisonjear,*
anima mia non più divisa. Pensa:	*minh'alma não mais dividida. Pensa:*
cangiare in inno l 'elegia; rifarsi;	*mudar em hino a elegia; refazer-se;*
non mancar più.	*não mais faltar.*
Potere	*Poder*
simili a questi rami	*tal como esses ramos*
ieri scarniti e nudi ed oggi pieni	*despidos e nus ontem e hoje cheios*
di fremiti e di linfe,	*de frêmitos e linfas,*
sentire	*sentir também*
noi pur domani tra i profumi e i venti	*nós amanhã entre ventos e perfumes*
un riaffluir di sogni, un urger folle	*um reafluir de sonhos, um louco urgir*
di voci verso un esito; e nel sole	*de vozes para um êxito; e no sol*
che v'investe, riviere,	*que vos investe, marinas,*
rifiorire!	*reflorescer!*

.... ou volta a imobilidade, que se torna delírio em *Arsenio*:

Arsenio (Arsenio)

I turbini sollevano la polvere	Os vórtices levantam a poeira
sui tetti, a mulinelli, e sugli spiazzi	nos tetos, em remoinhos, e nos espaços
deserti, ove i cavalli incappucciati	desertos, onde os cavalos encapuçados
annusano la terra, fermi innanzi	farejam a terra, estáticos diante
ai vetri luccicanti degli alberghi.	dos vidros reluzentes dos hotéis.
Sul corso, in faccia al mare, tu discendi	Na avenida, frente ao mar, tu desces
in questo giorno	neste dia
or piovorno ora acceso, in cui par scatti	aceso ou chuvoso, onde como que irrompe
a sconvolgerne l'ore	a transtornar as horas
uguali, strette in trama, un ritornello	iguais, presas em trama, um estribilho
di castagnette.	de castanholas.
È il segno d'un'altra orbita: tu seguilo.	É o signo de outra órbita: segue-o.
Discendi all'orizzonte che sovrasta	Desces ao horizonte que sobresta
una tromba di piombo, alta sui gorghi,	uma trompa de chumbo, alta nos vórtices,
più d'essi vagabonda: salso nembo	mais que eles vagueante: salso nimbo
vorticante, soffiato dal ribelle	volteante, soprado às nuvens
elemento alle nubi; fa che il passo	por rebelde elemento; faz que o passo
su la ghiaia ti scriccioli e t'inciampi	no cascalho te estale e te tropece
il viluppo dell'alghe: quell'istante	o emaranhado d´algas: aquele instante
é forse, molto atteso, che ti scampi	é quem sabe, esperado, que te exima
dal finire il tuo viaggio, anello d'una	de terminar tua viagem, anel d´uma
catena, immoto andare, oh troppo noto	cadeia, imoto andar, oh de sobejo noto
delirio, Arsenio, d'immobilità ...	delírio, Arsênio, de imobilidade...
Ascolta tra i palmizi il getto tremulo	Ouve entre as palmeiras o jato trêmulo
dei violini, spento quando rotola	dos violinos, extinto quando rola
il tuono con un fremer di lamiera	o trovão com um fremir de chapa
percossa; la tempesta è dolce quando	sovada; a tempestade é doce quando

Imagens Oníricas e Formas Poéticas
Um Estudo da Criatividade

sgorga bianca la stella di Canicola	jorra branca a estrela de Canícula
nel cielo azzurro e lunge par la sera	no céu azul e ao longe é como a noite
ch'è prossima: se il fulmine la incide	que chega: se o relâmpago a incide
dirama come un albero prezioso	derrama como árvore preciosa
entro la luce che s'arrosa: e il timpano	dentro da luz rosada: e o timbale
degli tzigani è il rombo silenzioso.	dos ciganos é o ribombar silencioso.
Discendi in mezzo al buio che precipita	Desces na escuridão que precipita
e muta il mezzogiorno in una notte	e muda o meio dia em uma noite
di globi accesi, dondolanti a riva, -	de acesos globos, que balançam na orla-
e fuori, dove un'ombra sola tiene	e fora, onde só uma sombra sustenta
mare e cielo, daí gozzi sparsi palpita	o mar e o céu, dos barcos esparsos pulsa
l'acetilene –	o acetileno –
finché goccia trepido	enquanto o céu trepido
il cielo, fuma il suolo che s'abbevera,	goteja, fumega o solo que se embebe,
tutto d'accanto ti sciaborda, sbattono	tudo ao redor te marulha, batem
le tende molli, un frùscio immenso rade	as moles tendas, um farfalhar imenso rasa
la terra, giù s'afflosciano stridendo	a terra, embaixo se afrouxam chiando
le lanterne di carta sulle strade.	as lanternas de papel pelas ruas.
Così sperso tra i vimini e le stuoie	Assim disperso entre esteiras e vimes
grondanti, giunco tu che le radici	gotejantes, junco, tu que as raízes
con sé trascini, viscide, non mai	contigo arrastas, víscidas, jamais
svelte, tremi di vita e ti protendi	cortadas, tremes de vida e te estendes
a un vuoto risonante di lamenti	a um vazio soante de lamentos
soffocati, la tesa ti ringhiotte	sufocados, a aba te reengole
dell'onda antica che ti volge; e ancora	da onda antiga que te vira; e ainda
tutto che ti riprende, strada portico	tudo o que te retoma, rua pórtico
mura specchi ti figge in una sola	muros espelho fixa-te numa única
ghiacciata moltitudine di morti,	enrregelada multidão de mortos,
e se un gesto ti sfiora, una parola	e se um gesto te roça, uma palavra
ti cade accanto, quello è forse, Arsenio,	cai-te de lado, aquele é quem sabe, Arsênio,
nell'ora che si scioglie, il cenno d'una	na hora que se dissolve, o acenar de
vita strozzata per te sorta, e il vento	uma vida sufocada por ti vinda, e o vento
la porta con la cenere degli astri.	a carrega com a cinza das estrelas.

No entanto, nos poemas anteriores a *Mediterrâneo*, o poeta não só reitera a certeza do mal de viver, como tenta reavivar o fogo de sua chama, sendo que ela se muda em ondas alternadas de ceticismo e de esperança. Tal instabilidade – possíveis inundações emocionais difíceis de serem contidas – começa a ceder quando Montale passa à poética do objeto, objeto esse que, por sua vez, contém e representa a emoção do poeta.

A separação Eu-Tu ainda permanece indefinida, lembra um diálogo do poeta, às vezes consigo próprio, às vezes com seus objetos internos, com sua própria vida: *Il girasole impazzito di luce* [O girassol enlouquecido de luz] parece ser a metáfora de um encontro que está acontecendo no íntimo do poeta: *Tendono alla chiarità le cose oscure. / Portami tu la pianta che conduce / dove sorgono bionde trasparenze / e vapora la vita quale essenza;* / [Tende à claridade o que é obscuro. / Traga-me tu a planta que conduz / onde surgem loiras transparências / e exala a vida qual essência;/] *Portami il girasole (OS)*. Um encontro que levaria a uma nova dimensão de vida.

É preciso abandonar o que se repete, e enxergar o vazio: *il nulla alle mie spalle, il vuoto dietro / di me, con un terrore di ubriaco.* [O nada às minhas costas, o vazio atrás / de mim com um terror de embriagado]. *Forse un mattino andando (OS)*.

As descrições do mar em Mediterrâneo são, portanto, metáforas da sua relação com um pai indiferente, modelo vital inalcançável e voz suprema musical que não faz acordos com o *"balbo parlare"* [o balbucio] (Potessi almeno costringere) do poeta. Mar e Terra se contrapõem até uma impossibilidade de conciliação. O poeta, sentindo-se afastado pelo pai como um seixo desgastado (*ciottolo*), aceita suas dimensões terrestres.

Segundo Cataldi [2], estudioso da obra de Montale, as descrições da natureza terrestre, o ambiente árido, pétreo, parecem ser um correlativo objetivo [3] do mal-estar do poeta, espelho de uma vida que se esmigalha e se desfaz (*sgretola*). Alusão também a uma condição da existência que nasce da devastação, uma criação que nasce do sofrimento.

Capitulo V

Entre f*lashes* de memória e criação de versos
Vocabulário de Formas

Voltemos agora ao argumento de Ella Sharpe, fundamentado em nossa experiência psicanalítica, de que o material que compõe o conteúdo manifesto de um sonho deriva de alguma espécie de experiência do sujeito: ocorrências reais passadas, estados emocionais, sensações corporais penosas e/ou agradáveis. A experiência esquecida parece acessível ao artista, de algum modo, para ser usada pela imaginação criadora. Voltemos também à formulação do processo onírico como atividade sonhante de noite e de dia (*day dream*), com as características peculiares de estar "desligado" ou "concentrado" ou, como é dito na biografia de Montale, acerca de seus modos *trasognati* [devaneantes].

Silvio Guarnieri (4), que esteve presente em várias reuniões no *Caffé delle Giubbe Rosse*, (freqüentado por Montale em Florença) falou das participações do poeta, frisando sua grande dignidade de atitudes, acompanhadas de distanciamento. Com seus modos sonolentos e desligados, absorto em seus próprios pensamentos, parecia não perceber a realidade que o circundava. E subitamente revelava-se, com suas intervenções e julgamentos, um observador atento. Podemos aproximar algumas experiências do poeta – relatadas em suas biografias e nas notas autobiográficas e em *La Farfalla de Dinard* (5) – com alguns poemas que parecem ter encontrado sua forma nessas experiências passadas.

(Donald Meltzer em seu artigo "Reflexões sobre signos e símbolos", 2000), enfatiza a diferença entre signos e símbolos e entre símbolos convencionais e símbolos autônomos.

Os signos são uma maneira de mostrar objetos mediante o uso de palavras, de dar denominação convencional a coisas e funções. Os símbolos autônomos, porem, são recipientes que contem significado emocional e as pessoas que se comunicam deste modo estão "dizendo o que sentem". No entanto se os símbolos usados são convencionais, vindos da cultura, a condição de transmitir significado emocional é precária, são sombras de emoção, com pouca paixão.

O poeta Eugenio Montale sempre lamentou que a língua fosse pobre para transmitir emoções, e deste modo como é possível "fazer poesia". Ele também afirmava que não ia à busca da poesia, mas esperava ser visitado, pela musa, por uma súbita iluminação. E o que seria "esta visitação", esta súbita iluminação??. É a formação de símbolos autônomos na vida onírica inconsciente, segundo a psicanalise??.

Um poema então seria feito de símbolos autônomos, símbolos que o poeta criou, reconheceu, transformou em palavras para falar de um estado de alma, de uma emoção vivida.

Para o homem comum os símbolos autônomos criados pela sua vida onírica podem resultar ininteligíveis para ele e para a maioria, a não ser que possam ser examinados num encontro analítico. Mas no caso de um reconhecido poeta, a formação simbólica que ele traduz em poemas diz respeito a emoções universais da vida.

Gostaria, agora de adentrar no misterioso caminho da formação de símbolos autônomos.

Estudando a biografia e a obra de Montale nós acabamos fazendo uma conjectura que chamamos de "vocabulário de formas". Imaginei que Montale foi reunindo um vocabulário de formas simbólicas "construídas" durante suas experiências emocionais. Conjecturei se não teria existido um "vocabulário de formas" construído ao longo de experiências emocionais do poeta das quais ele teria se servido para "falar" de seus estados de mente; formas simbólicas, ponto de encontro do "arcaico com a linguagem" reeditadas diante de novas experiências com "arcaicas semelhanças". Mas o que seriam tais formas simbólicas? Meu caminho investigativo só pode ser retrospectivo, associando algumas formas detectadas em seus poemas com a história de vida do poeta.

Sua biografia, rica em lembranças de sua infância e adolescência, pareceu-me reencontra-la em seus poemas, sob forma de alguma frase, alguma palavra, enfim sob forma de indícios que ligavam o passado vivido com um estado de mente atual, o qual buscava gerar um novo significado, em versos de um poema.

Em sua vida emocional transpirava, neste primeiro período, um sentimento de solidão, de falta, de desarmonia com o mundo circundante no qual a velha serva e a sua irmã Mariana podiam habitar, de maneiras diversas, sua solidão.

Tomemos como exemplo o poema "Verso Vienna" 1938, escrito quando Montale estava em Florença como diretor do Gabinetto Vieuxeus já há vários anos, mas ameaçado de perder o cargo por não estar inscrito no Partido Fascista. Foi o período em que ele gerou o 2º volume de Poemas *"Le Occasioni"*, com dificuldade para seu sustento, ele que deixara Genova já há anos libertando-se da provedora casa paterna, mas incompatível com suas aspirações artísticas.

O Poema surge com "indícios" de algo que foi: *(...) O convento barroco de espuma e de biscoito (...)* alusão á escola da infância no "Convento dos Barnabiti" onde era levado e buscado pela Maria, serviçal da casa paterna, e na volta paravam numa leiteria para tomar um copo de leite fresco e biscoitos "*(...) de espuma e de biscoito (...)*".

(...) sombreava um escorço de aguas lentamente e mesas postas aqui e ali (...) possível alusão aos verões passados na casa das duas palmeiras, em Monterosso.......

E neste cenário de recordações eis que surge o sentido de sua experiência emocional: *"fraterna única voz nesse queimor"*.

O convento barroco/de espuma e de biscoito /sombreava um escorço de aguas lentas /e mesas postas, aqui e ali esparsas/de folhas e gengibre. Emergiu um nadador, respingou sob / uma nuvem de mosquitos, / perguntou-nos da viagem, /falou muito da sua de além-confins. /Indicou a ponte em frente que se passa/(informou) com um vintém de pedágio. / Acenou com a mão, e mergulhou, /foi à própria correnteza... /E em seu lugar, /bate-estrada pulou de um barracão /um bassê festivo que ladrava, /fraterna única voz nesse queimor.

Em seu livro autobiográfico *"La farfalla di Dinard" (FD)* num dos contos *"La donna barbuta"* recorda Maria, a velha doméstica que por 65 anos esteve a serviço na casa dos Montale. Era ela a leva-lo e busca-lo na escola, e na saída paravam numa leiteria para tomar um copo de leite e biscoitos.

Esta mesma domestica aparece no poema. "O que resta, se resta" no caderno de quatro anos" de 1974, em que o poeta descreve claramente a ligação entre ambos(...) "mas não me perdia do seu olhar" (...) porque será que a lembro/mais de tudo e de todos (...)

Neste livro, ele narra o episódio M um maduro senhor, vestido corretamente de cinza que assistia a saída dos alunos do Colégio Barnabiti. O porteiro ao vê-lo murmura "nunca o vi aqui: o que vem fazer?" As crianças saiam em pequenos grupos ou também sozinhas, poucas encontravam algum adulto que a pegava pela mão. Entre estes o senhor M não viu, desapontado, nenhum serviçal (empregada domestica). O sr M. disse para si mesmo "é o que esperava" e lentamente foi andando para os Pórticos de via XX Settembre (em Genova). Estes eram os mesmos de quarenta anos atrás e o edifício da escola não havia mudado. O sr M havia mudado muito e o sabia, mas, ao evitar olhar-se nas vitrinas podia também esquecer que quarenta anos não haviam passado em vão para ele. Estendeu então a mão para a mulher que vinha ao seu encontro, deu-lhe a lancheira que contivera sua colação de meio dia, também o pacote de livros, e se deixou conduzir pelo difícil percurso que leva até á via Ugo Foscolo, uma rua muito movimentada. Quando chegaram numa subida, o sr M, soltou-se da mão da velha e correu em frente e a velha o seguia, corria, mais lenta e a distancia entre eles aumentava.

O sr M. sabia perfeitamente que não era mais um guri, e que a velha Maria havia morrido há trinta anos. Ele sabia, mas como as ruas e as casas eram quase iguais no percurso entre a escola e sua casa de quarenta anos atrás ele pensava que não seria loucura evocar em corpo e espirito a "defunta guardiã" de seus passeios infantis.

Porque assistir a saída dos alunos? Para reencontra-la. Os lugares onde poderia materializar Maria eram aquele percurso e a cozinha da casa paterna.

O sr M parou "preciso espera-la, ficou muito para trás". "Eis que surge", e o sr M vai em direção á via Serra enfrentando a subida dos Cappuccini. Aí chegando encontra a Leiteria onde os dois faziam uma parada para tomar um copo de leite e uns biscoitos de Lagaccio. Sentou-se no jardim, mas se surpreendeu desagradavelmente ao constatar que era um moderno Caffé onde havia um acre odor de café expresso e não de leite fresco. "me equivoquei" disse o sr M quando o garçom se aproximou, e saiu rapidamente do local. Agora Maria o tinha alcançado, ofegante, e juntos continuaram mais um trajeto.

Onde estaria enterrada Maria? Ele quase não a recordava, apenas por flashes em suas horas mais escuras de sua vida.

Neste conto, com em outros poemas, Montale não hesita em narrar seus "devaneios" a serviço de presentificar a ausência daquilo que pertence a um passado já vivido e que talvez não foi transformado em significados emocionais, mas que agora lhe serve como um repertório para ajudá-lo compreender o que é importante para ele.

É o caso do poema *"Encontro" (OS)* que inicia com o verso *"Não me abandones, tristeza"* (...) *e mais adiante* (...) *se tu também me deixas, oh tristeza* (...), *e mais adiante* (...) *"Talvez volte a ter um aspecto: na luz/ rasante um movimento me conduz/ a uma misera planta que num vaso/ cresce sobre a porta da taberna. /A ela estendo a mão e tornar-se/ minha outra vida sinto, cheio de uma forma/ que me foi tirada; e quase anéis/ aos dedos não folhas se enrolam, /mas cabelos. /Depois, mais nada. Oh, submersa: desapareces/ tal como viestes e nada sei de ti* (...).

Outro devaneio aparece no poema *"Rilha a roldana do poço" (OS)... Rilha a roldana do poço/ a agua sobe à luz e ai se funde/ Treme um recordo no repleto balde, /no puro circulo uma imagem ri. /Encosto o rosto evanescentes lábios: deforma-se o passado, faz-se velho, /pertence a um outro... /Ah, o chiado da roda/ te devolve ao atro fundo, / visão, uma distancia nos separa.*

No conto "A casa das duas palmeiras", os longínquos verões em Monterosso iniciam com uma viagem de trem: cinco horas de tuneis, olhares impacientes pelos vitrôs. No poema *"Adeuses, silvos no escuro, tosse, acenos /e postigos baixados. É hora. Estarão /os autômatos tão certos? Como parecem /murados nos corredores!"*(...)

Este poema de 1939 da coletânea "Le Occasioni", fala de um desconforto e de uma expectativa do que iria lhe acontecer, diante do cenário politico e social da época, usando um registro emocional do já vivido durante suas viagens a Monterosso.

Montale confiava "nos *flashes* de memória" (palavras dele), no magma que absorve a infância e a juventude como uma única estação, como escreveu em *Flussi (OS)*.

Verso Vienna (Para Viena)

Il convento barocco	*O convento barroco*
di schiuma e di biscotto	*de espuma e de biscoito*
adombrava uno scorcio d'acque lente	*sombreava um escorço de águas lentas*
e tavole imbandite, qua e là sparse	*e mesas postas, aqui e ali esparsas*
di foglie e zenzero.	*de folhas e gengibre.*
Emerse un nuotatore, sgrondò sotto	*Emergiu um nadador, respingou sob*
una nube di moscerini,	*uma nuvem de mosquitos,*
chiese del nostro viaggio,	*perguntou-nos da viagem,*
parlò a lungo del suo d'oltre confine.	*falou muito da sua de além confins.*
Additò il ponte in faccia che si passa	*Indicou a ponte em frente que se passa*
(informò) con un soldo di pedaggio.	*(informou) com um vintém de pedágio.*
Salutò con la mano, sprofondò,	*Acenou com a mão, e mergulhou,*
fu la corrente stessa ...	*foi a própria correnteza...*
Ed al suo posto,	*E em seu lugar,*
battistrada balzò da una rimessa	*bate-estrada pulou de um barracão*
un bassotto festoso che latrava,	*um bassê festivo que ladrava,*
fraterna unica voce dentro l'afa.	*fraterna única voz nesse queimor.*

Os Montale eram ligados ao comércio de importação. O pai, Domingo, era severo, de poucas palavras, rígido, conforme o clichê autoritário daqueles tempos. Impunha horários precisos e imutáveis para a rotina doméstica. Tinha o hábito de, com qualquer tempo, perambular após o almoço, no terraço, de boina e embrulhado num xale, resmungando para si mesmo *"il fait bien froid". (...) eccoti fuor dal buio / che ti teneva, padre, erto ai barbagli, / senza scialle e berretto,* ... [eis-te fora do escuro / que te guardava, pai, ereto aos clarões, / sem xale e boina (...)] em *Voce giunta con le folaghe (B)*.

Montale falava da mãe, Giuseppina, com ternura: "Parecia-se com Lucia Mondella (7). Tinha horrorizado as freiras da sua escola quando à pergunta: "Que mulher gostaria de ser? teria respondido. "Gostaria de ser a grande Adelina Patti (8). Apesar dos argumentos para convencê-la a mudar de personagem, permanecia fiel à sua escolha (o que nos faz pensar numa semelhança de caráter e tendências entre a mãe e filho).

O poeta lembra seus pais em *F.D.*, fazendo-os reviver com gestos precisos, com seus trejeitos, como se o discurso deles fosse sugerido pelas imagens de um antigo álbum de fotografias. Lembrou-se deles também nos poemas, porém, com presença reduzida a poucos sinais de reconhecimento: alguma pergunta quase perceptível, uma saudação ao longe. Domingo, o pai, é o *muto che risorge* [mudo ressurgindo] em *Voce giunta con le folaghe (B)*:

Voce giunta con le folaghe (Voz que chega com as folagas)

Poichè la via percorsa, se mi volgo, è più lunga	*Como a via percorrida, se me viro, é mais longa*
del sentiero da capre che mi porta	*que o atalho das cabras que me leva*
dove ci scioglieremo come cera,	*onde derreteremos como cera,*
ed i giunchi fioriti non leniscono il cuore	*e os juncos floridos a alma não abrandam*
ma le vermene, il sangue dei cimiteri,	*mas as verbenas, o sangue dos cemitérios,*

eccoti fuor dal buio	*eis-te fora do escuro*
che ti teneva, padre, erto ai barbagli,	*que te guardava, pai, ereto aos clarões,*
senza scialle e berretto, al sordo fremito	*sem xale e boina, ao surdo estremecer*
che annunciava nell'alba	*anunciador na aurora*
chiatte di minatori dal gran carico	*barcaças de mineiros, semi-imersas*
semisommerse, nere sull'onde alte.	*de tanta carga, negras em altas vagas.*
L'ombra che mi accompagna	*A sombra que me acompanha*
alla tua tomba, vigile,	*à tua tumba, atenta,*
e posa sopra un'erma ed ha uno scarto	*e pousa numa herma e tem um vezo*
altero della fronte che le schiara	*altivo da fronte que lhe aclara*
gli occhi ardenti ed i duri sopraccigli	*os olhos quentes e as duras sobrancelhas*
da un suo biocco infantile,	*de um seu cacho infantil,*
l'ombra non ha più peso della tua	*a sombra não tem mais peso do que a tua*
da tanto seppellita, i primi raggi	*de há muito sepultada, os primos raios*
del giorno la trafiggono, farfalle	*do dia a trespassam, as borboletas*
vivaci l'attraversano, la sfiora	*vivazes a atravessam, roça-a*
la sensitiva e non si rattrappisce.	*a sensitiva e não se encarquilha.*
L'ombra fidata e il muto che risorge,	*A sombra fiel e o mudo que ressurge,*
quella che scorporò l'interno fuoco	*a que desencarnou o interno fogo*
e colui che lunghi anni d'oltretempo	*e ele que longos anos de além tempo*
(anni per me pesanti) disincarnano,	*(anos a mim pesados) desencarnam,*
si scambiano parole che interito	*trocam palavras que entravado*
sul margine io non odo; l'una forse	*na margem eu não ouço; quiçá aquela*
ritroverà la forma in cui bruciava	*reencontre a forma em que queimava*
amor di Chi la mosse e non di sè,	*amor de Quem a moveu e não de si,*
ma l'altro sbigottisce teme che	*mas o outro se apavora e teme que*
la larva di memoria in cui si scalda	*a larva de memória em que se aquece*
ai suoi figli si spenga al nuovo balzo.	*nos seus filhos se apague ao novo arranco.*

Imagens Oníricas e Formas Poéticas
Um Estudo da Criatividade

- Ho pensato per te, ho ricordato	*Pensei por ti, lembrei*
per tutti. Ora ritorni al cielo libero	*por todos. Voltas agora ao céu liberto*
che ti tramuta. Ancora questa rupe	*que te muda. Será que ainda te seduz*
ti tenta? Sì, la bàttima è la stessa	*este penhasco? Sim, a mesma de sempre*
di sempre, il mare che ti univa ai miei	*é a batija, o mar que te reunia às minhas*
lidi da prima che io avessi l'ali,	*praias de antes que eu tivesse as asas,*
non si dissolve. Io le rammento quelle	*não se dissolve. Eu lembro-me daquelas*
mie prode e pur son giunta con le folaghe	*orlas e no entanto eu cheguei com as aves*
a distaccarti dalle tue. Memoria	*a destolher-te das tuas. Memória não*
non è peccato fin che giova. Dopo	*é pecado enquanto vale. Depois*
è letargo di talpe, abiezione	*é torpor de toupeiras, abjeção*
che funghisce su sè .... –	*que sobre si embolora... –*
Il vento del giorno	*O vento do dia*
confonde l'ombra viva e l'altra ancora	*confunde a sombra viva e a outra ainda*
riluttante in un mezzo che respinge	*relutante em um meio que repele*
le mie mani, e il respiro mi si rompe	*as minhas mãos, e o respiro se rompe*
nel punto dilatato, nella fossa	*no ponto dilatado, no fossado*
che circonda lo scatto del ricordo.	*que circunda o estalo da lembrança.*
Così si svela prima di legarsi	*Tal se desvela antes de amarrar-se*
a immagini, a parole, oscuro senso	*a imagens, a palavras, obscuro senso*
reminiscente, il vuoto inabitato	*reminiscente, o vazio não habitado*
che occupammo e che attende fin ch'è	*que ocupamos e que espera enquanto é*
tempo	*tempo*
di colmarsi di noi, di ritrovarci	*de preencher-se de nós, de reencontrar-nos...*

No poema *A mia madre (B)*, a mãe do poeta aparece em seus gestos, seus trejeitos: *... solo due mani, un volto, / quelle mani, quel volto, il gesto d'una / vita che non è un'altra, ma se stessa, /* [duas mãos apenas, um rosto, / aquelas mãos, aquele rosto, o gesto de uma / vida que não é outra, mas si mesma, /].

A mia madre (Para minha mãe)

Ora che il coro delle coturnici	*Ora que o coro das codornizes*
ti blandisce nel sonno eterno, rotta	*te acaricia no sono eterno, rota*
felice schiera in fuga verso i clivi	*feliz fileira em fuga às vertentes*
vendemmiati del Mesco, or che la lotta	*vindimadas do Mesco, ora que é a luta*
dei viventi più infuria, se tu cedi	*dos viventes mais furiosa, se tu cedes*
come un'ombra la spoglia	*qual sombra o despojo,*
(e non è un'ombra,	*(e não é uma sombra,*
o gentile, non è ciò che tu credi)	*ó gentil, não é o que crês)*
chi ti proteggerà? La strada sgombra	*quem te protegerá? A estrada limpa*
non è una via, solo due mani, un volto,	*não é uma via, só duas mãos, um rosto,*
***quelle** mani, **quel** volto, il gesto d'una*	***aquelas** mãos, **aquele** rosto, o gesto de uma*
vita che non è un'altra ma se stessa,	*vida que não é outra mas si mesma,*
solo questo ti pone nell'eliso	*apenas isso põe-te no elísio*
folto d'anime e voci in cui tu vivi;	*denso de almas e vozes em que vives;*
e la domanda che tu lasci è anch'essa	*e a pergunta que deixas é também*
un gesto tuo, all'ombra delle croci.	*essa um gesto teu, à sombra das cruzes.*

Quando passou a frequentar a escola técnica, já não era a velha Maria que o levava e buscava. Diariamente ele esperava na porta de sua casa a chegada de um ônibus, puxado a cavalos, o ônibus particular dos padres barnabitas:

> *I turbini sollevano la polvere / sui tetti, a mulinelli, e sugli spiazzi / deserti, ove i cavalli incappucciati/ annusano la terra, fermi innanzi / ai vetri luccicanti degli alberghi* [Os torvelinhos levantam a poeira / nos tetos, em remoinhos, e nos espaços / desertos, onde os cavalos

encapuçados / farejam a terra, estáticos diante / dos vidros reluzentes]. *Arsenio (OS)*

Em 1913, a família mudou-se de Via del Corso Dogale para Via Piaggio, e ali Eugenio teve um quarto só para si. Da parte do pai recrudesceu o controle rígido de hábitos domésticos, acrescido agora pela grande repressão aos interesses sexuais manifestados pelo adolescente (um dia, o pai surpreendeu Eugenio em estática adoração de um retrato de Cléo de Mérode, estrela da *Belle Époque*, chamou-o de frívolo e imoral, e Eugenio ameaçou sair de casa para ter finalmente sua independência.)

Dos 10 aos 30 anos Montale passou em *Monterosso (Cinque Terre)* as suas férias, reportando-se a esse tempo como muito importante para a formação de sua personalidade, mas que o levou à introversão e a um "aprisionamento no cosmo". A época de Florença foi a mais significativa em sua vida, pois não havia o mar, mas a terra firme da cultura, das ideias, da tradição, do humanismo.

Os verões de *Monterosso* começavam com uma viagem de trem: cinco horas de túneis, olhares impacientes pelas janelinhas: *Addii, fischi nel buio, cenni, tosse / e sportelli abbassati. E' l'ora.* ["Adeus, silvos no escuro, tosse, acenos / e postigos fechados. É hora.] *Addii, fischi nel buio (OS)*.

Addii, fischi nel buio (Adeus, silvos no escuro)

Addii, fischi nel buio, cenni, tosse e sportelli abbassati. È l'ora. Forse gli automi hanno ragione. Come appaiono dai corridoi, murati!	*Adeuses, silvos no escuro, tosse, acenos e postigos baixados. É hora. Estarão os autômatos tão certos? Como parecem murados nos corredores!*
....	....

– *Presti anche tu alla fioca*
litania del tuo rapido quest'orrida
e fedele cadenza di carioca? -

- *Emprestas tu também à fraca*
ladainha de teu rápido esta hórrida
e fiel cadência de carioca?

Os anos das *Cinque Terre* não se podem reconstruir em tempo cronológico e Montale, confessou em *F.D.* a loucura que seria, se a vida já transcorrida pudesse ser ouvida de novo como numa gravação. Melhor, para ele, era confiar nos flashes da memória:

> *...cosi un giorno / il giro che governa / la nostra vita ci addurrà il passato / lontano, franto e vivido, stampato / sopra immobili tende / da un'ignota lanterna.* [..assim um dia / o giro que governa / nossa vida nos levara ao passado / longínquo, fracto e vívido, estampado / sobre tendas imóveis telas / de uma ignota lanterna].
> *Flussi (OS)*

Um passado "*franto e vivido*", pois na luminosa fragmentação, na rescisão de cada vínculo com as datas, estava o segredo da conservação que era muito cara a Montale: não a mumificação do passado, mas algo que se aproxima, como imagem, ao fluxo do mar, ao imprevisível jogo das ondas.

A casa de Monterosso tinha duas palmeiras na frente e frequentemente a família almoçava ao ar livre debaixo de um arco formado pelo entrelaçamento dos ramos. A paz dos Montale era protegida por um cachorro vira-lata, de pelo avermelhado, sempre pronto a sair correndo a cada assobio:

> *...adombrava uno scorcio d'acque lente / e tavole imbandite, qua e là sparse / di foglie e*

zenzero. (...) / Ed al suo posto, / battistrada balzò da una rimessa / un bassotto festoso che latrava, / fraterna unica voce dentro l'afa. [... sombreava um fio de água lentas / e mesas postas, aqui e ali esparsas / de folhas e gengibre. (...) / Em seu lugar, / bate-estrada pulou de um barracão / um bassê festivo que ladrava, / fraterna única voz nesse queimor.] *Verso Vienna (OC)*

Os almoços que o jovem Eugenio preferia eram aqueles em que conseguia reunir os irmãos, primos e algum filho de pescador, em que o cardápio eram enguias e papa-figos (*anguille e beccafichi*). As enguias eram capturadas num fosso que corria entre as rochas e o caniçal, do lado da casa. Os pássaros eram derrubados com os estilingues e, na horta da casa, próximo de uma mureta, eram assados num fogo de pinhas.

Para beber havia um balde de água de poço, tirada na hora, em que limões eram espremidos:

> *Io, per me, amo le strade che riescono agli erbosi / fossi dove in pozzanghere / mezzo seccate agguantano i ragazzi / qualche sparuta anguilla: / le viuzze che seguono i ciglioni, / discendono tra i ciuffi delle canne / e mettono negli orti, tra gli alberi dei limoni.*

> [Eu, por mim, amo os caminhos que me levam aos herbosos / fossos onde nas poças / já meio secas agarram / os meninos esquálidas enguias: / as veredas que seguem pelas bordas, / descem por entre os tufos de caniços / e dão nas hortas, entre os pés dos limões]. *I Limoni (OS)*

Havia outras brincadeiras e passatempos como inventar aldeias de canibais no caniçal: *Ah il giuoco dei cannibali nel canneto / i mustacchi di palma ..* [Ah o brincar de canibais no caniçal / os bigodes de palmeiras ...], conforme se lê em *Fine dell'Infanzia (OS)*

Fine dell'infanzia (Fim da infância)

Rombando s'ingolfava	*Ribombando engolfava-se*
dentro l'arcuata ripa	*dentro da arcuada riba*
un mare pulsante, sbarrato da solchi,	*um mar pulsante, barrado por sulcos,*
cresputo e fioccoso di spume.	*crespo e flocoso de espumas.*
Di contro alla foce	*De encontro à foz*
d'un torrente che straboccava	*de um torrente transbordante*
il flutto ingialliva.	*a onda amarelava.*
Giravano al largo i grovigli dell'alighe	*Giravam emaranhados de algas ao longe*
e tronchi d'alberi alla deriva.	*e troncos de plantas à deriva*
Nella conca ospitale	*Na baía hospitaleira*
della spiaggia	*da praia*
non erano che poche case	*só havia poucas casas*
di annosi mattoni, scarlatte,	*de anosos tijolos, escarlates,*
e scarse capellature	*e ralas cabeleiras*
di tamerici pallide	*de tamarizes mais pálidas*
più d'ora in ora; stente creature	*de hora em hora; míseros seres*
perdute in un orrore di visioni.	*perdidos num horror de visões.*
Non era lieve guardarle	*Não era leve olhá-los*
per chi leggeva in quelle	*para quem lia naquelas*
apparenze malfide	*aparências que traem*
la musica dell'anima inquieta	*a música da alma inquieta*
che non si decide.	*que não se decide.*

Pure colline chiudevano d'intorno
marina e case; ulivi le vestivano
qua e là disseminati come greggi,
o tenui come il fumo di un casale
che veleggi
la faccia candente del cielo.
Tra macchie di vigneti e di pinete,
petraie si scorgevano
calve e gibbosi dorsi
di collinette: un uomo
che là passasse ritto s'un muletto
nell'azzurro lavato era stampato
per sempre – e nel ricordo.

Poco s'andava oltre i crinali prossimi
di quei monti; varcarli pur non osa
la memoria stancata.
So che strade correvano su fossi
incassati, tra garbugli di spini;
mettevano a radure, poi tra botri,
e ancora dilungavano
verso recessi madidi di muffe,
d'ombre coperti e di silenzi.
Uno ne penso ancora con meraviglia
dove ogni umano impulso
appare seppellito
in aura millenaria.
Rara diroccia qualche bava d'aria
sino a quell'orlo di mondo che ne strabilia.

Ma dalle vie del monte si tornava.
Riuscivano queste a un'instabile
vicenda d'ignoti aspetti
ma il ritmo che li governa ci sfuggiva.

Morros também fechavam tudo em volta
marina e casas; olivais as vestiam
cá e lá disseminados feito greis,
ou tênues feito o fumo da aldeola
que veleje
o rosto candente do céu.
Entre manchas de pinheirais e vinhedos,
viam-se pedreiras
calvas e gibosos dorsos
de colinas; um homem
que lá passasse ereto num muar
no azul lavado era estampado
para sempre – e na lembrança.

Ia-se pouco além dos cimos próximos
daqueles montes que transpor não ousa
a memória fatigada.
Sei que estradas corriam por entre fossos
encaixados em garabulhas de espinhos;
levavam a clareiras, por barrancos
e ainda delongavam
entre recessos úmidos de mofos,
cobertos de silêncios e de sombras.
Penso ainda em um com maravilha
onde parece enterrado
cada humano impulso
em aura milenária.
Rara derroca cada baba de ar
até a orla do mundo que se admira.

Porém das vias do monte se voltava.
Saíam-se estas para uma instável história
de aspectos não sabidos
mas o ritmo que os governa nos fugia.

Ogni attimo bruciava	*Cada instante queimava*
negl'istanti futuri senza tracce.	*nos átimos futuros, sem pegadas.*
Vivere era ventura troppo nuova	*Viver era ventura muito nova*
ora per ora, e ne batteva il cuore.	*hora após hora, e o coração batia.*
Norma non v'era,	*Norma não havia,*
solco fisso, confronto,	*sulco fixo, confronto,*
a sceverare gioia da tristezza.	*a separar tristeza da alegria.*
Ma riaddotti dai viottoli	*Mas dos atalhos chegados*
alla casa sul mare, al chiuso asilo	*à casa na praia, ao cerrado reduto*
della nostra stupita fanciullezza,	*de nossa pasmada meninice,*
rapido rispondeva	*rápido respondia*
a ogni moto dell'anima un consenso	*a cada mover da alma um externo*
esterno, si vestivano di nomi	*consenso, vestiam-se de nomes*
le cose, il nostro mondo aveva un centro.	*as coisas, o nosso mundo tinha um centro.*
Eravamo nell'età verginale	*Estávamos na virginal idade*
in cui le nubi non sono cifre o sigle	*em que as nuvens não são cifras nem siglas*
ma le belle sorelle che si guardano	*mas as belas irmãs que se observam*
viaggiare.	*viajar.*
D'altra semenza uscita	*De outra semente saída*
d'altra linfa nutrita	*de outra linfa nutrida*
che non la nostra, debole, pareva la natura.	*que não a nossa, fraca, parecia a natureza.*
In lei l'asilo, in lei	*Nela o refúgio, nela*
l'estatico affisare; ella il portento	*o estático fitar; ela o prodígio*
cui non sognava, o a pena, di raggiungere	*com que não sonhava, ou mal, de alcançar*
l'anima nostra confusa.	*nossa alma confundida.*
Eravamo nell'età illusa.	*Estávamos na idade iludida.*
Volarono anni corti come giorni,	*Voaram anos curtos como dias,*
sommerse ogni certezza un mare florido	*cada certeza imersa em mar florido*
e vorace che dava ormai l'aspetto	*e voraz que nos dava então o aspecto*
dubbioso dei tremanti tamarischi.	*duvidoso das tamarizes trêmulas.*
Un'alba dovè sorgere che un rigo	*Um alvor deu de surgir que um risco*
di luce su la soglia	*de luz sobre a soleira*

forbita ci annunziava come un'acqua;	*brunida nos anunciava quase água;*
e noi certo corremmo	*e nós certo corremos*
ad aprire la porta	*a abrir a porta*
stridula sulla ghiaia del giardino.	*estridente no cascalho do jardim.*
L'inganno ci fu palese.	*O engano nos foi patente.*
Pesanti nubi sul torbato mare	*Pesadas nuvens no mar agitado*
che ci bolliva in faccia, tosto apparvero.	*que em nosso rosto fervia, apareceram.*
Era in aria l'attesa	*Havia no ar a espera*
di un procelloso evento.	*de um proceloso evento.*
Strania anch'essa la plaga	*Ela também torna estranha a plaga*
dell'infanzia che esplora	*de nossa infância que explora*
un segnato cortile come un mondo!	*um quintal marcado feito um mundo!*
Giungeva anche per noi l'ora che indaga.	*Chegava para nós a hora que indaga.*
La fanciullezza era morta in un giro a tondo.	*A meninice morrera num jogo de roda.*
Ah il giuoco dei cannibali nel canneto,	*Ah! O brincar de canibais no caniçal,*
i mustacchi di palma, la raccolta	*os mustaches de palma, a colheita*
deliziosa dei bossoli sparati!	*deliciosa dos cartuchos das balas!*
Volava la bella età come i barchetti sul filo	*Voava a bela idade qual barquinhos no fio*
del mare a vele colme.	*do mar a velas despregadas.*
Certo guardammo muti nell'attesa	*Sim olhamos mudos na espera*
del minuto violento;	*do minuto violento;*
poi nella finta calma	*depois na falsa calma*
sopra l'acque scavate	*sobre as águas cavadas*
dovè mettersi un vento.	*teve que alçar-se um vento.*

Às vezes Eugenio passava horas a escutar discursos de uma velha de quase cem anos, que tinha uma vista privilegiada, pois fazia remendos complicados nas redes de pescadores: *Cerca una maglia rotta nella rete., In Limine (OS)* e a instigava a falar da família Montale.

Os irmãos de Eugenio partiam de madrugada para pescar, enquanto ele passeava, subindo morro acima, andando por entre grutas e tendo diante de si a imensidão do mar:

> *Oh allora sballottati / come l'osso di seppia dalle ondate / svanire poco a poco; / diventare / un albero rugoso od una pietra / levigata dal mare.*
>
> [Oh então sacudidos / como o osso de siba pelas ondas / aos poucos esvaecer: / tornar-se / planta rugosa ou uma pedra / brunida pelo mar.]
> *Riviere (OS).*

Depois da 1ª Guerra Mundial, voltou a passar férias em Monterosso, mas já era o Montale dos *"Ossi di Seppia"*, das primeiras amizades literárias e das resenhas.

O período do *antico giuoco / non mai dimenticato* [antigo jogo/ jamais deslembrado] *Riviere (OS)* terminou entre 1914 e 1915. Desaparecem o garoto de camiseta listrada e boné de marinheiro e o rapaz com o primeiro colarinho duro, mas não o gosto pela solidão, a curiosidade insaciável pelos livros e as estranhas fantasias que algumas frases deixavam entrever. Os sinais do poeta que ele haveria de se tornar não eram perceptíveis. E nem mesmo ele, nas brincadeiras, entre os escolhos e a vegetação, na penumbra sob as palmeiras, podia dar algum sentido a certos estremecimentos, a certos indícios de solidão e de mistério. A adolescência era um tempo impreciso, de calma um tanto selvagem. Lá, nas *Cinque Terre*, podia-se tentar um diálogo silencioso, sem ruídos e interferências, com algumas vozes primordiais: o mar, a natureza, as colinas.

I Limoni (OS) é um dos poemas que mais se prestam a ilustrar a relação memória / versos, que acabamos de apontar. Ela aparece em *Ossi di Seppia (OS)*, depois de *In Limine(OS)*, que abre a seção Movimenti. Sabemos, no entanto, que esta ordenação dos poemas não corresponde à data de sua criação, mas obedece a uma disposição do poeta em encontrar um modelo alternativo e original, evitando o esquema cronológico.

Ossi di Seppia registra uma crise, e *I Limoni*, em particular, lança uma polêmica contra os "*poeti laureati*": toda essa coletânea é uma manifestação contra o estabelecido. Embora exista nela uma dimensão narrativa, sem marcas históricas definidas, o poeta busca um sentido que reside nas próprias coisas. A vida em Monterosso é recuperada nos versos 5 a 10 de *I Limoni*:

> *(...) fossi dove in pozzanghere / mezzo seccate agguantano i ragazzi / qualche sparuta anguilla:/ le viuzze che seguono i ciglioni, / discendono tra i ciuffi delle canne / e mettono negli orti, tra gli alberi dei limoni.* [fossos onde nas poças / já meio secas agarram / os meninos esquálidas enguias: / as veredas que seguem pelas bordas, / descem por entre os tufos de caniços / e dão nas hortas, entre os pés dos limões.]

e nos versos 11 a 21 privilegiam-se o silêncio, a imobilidade do ar, a possibilidade de sentir o cheiro dos limões, as memórias:

> *Meglio se le gazzarre degli uccelli / si spengono inghiottite dall'azzurro: / più chiaro si ascolta il susurro / dei rami amici nell'aria che quase non si muove, / e i sensi di quest'odore / che non sa staccarsi dalla terra / e piove in petto uma dolcezza inquieta. / Qui delle divertite passioni*

/ per miracolo tace la guerra, / qui tocca anche a noi poveri la nostra parte di ricchezza / ed è l'odore dei limoni. [Melhor se as algazarras dos pássaros / se apagam engolidas pelo azul: / mais claro ouve-se o sussurro / dos amigos ramos no ar que mal se move, / e os sensos deste cheiro / que não sabe desgarrar-se da terra / e chove no peito uma doçura inquieta./ Aqui das combalidas paixões / cala por milagre a guerra, / aqui cabe a nós pobres também nosso quinhão de riqueza / e é o cheiro dos limões.]

E é no silêncio, no estado de mente onírico que acontecem os versos de 22 a 34:

Vedi, in questi silenzi in cui le cose / s'abbandonano e sembrano vicine / a tradire il loro ultimo segreto, / talora ci si aspetta / di scoprire uno sbaglio di Natura, / il punto morto del mondo, l'anello che non tiene, / il filo da disbrogliare che finalmente ci metta / nel mezzo di uma verità. / Lo sguardo fruga d'intorno, / la mente indaga accorda disunisce / nel profumo che dilaga / quando il giorno più languisce. / Sono i silenzi in cui si vede (....). [Vê nesses silêncios em que as coisas / se entregam e parecem prestes / a trair seu último segredo, / é a hora em que se espera / descobrir um erro de nascença, / o ponto morto do mundo, o elo que não segura, / o fio a desembaraçar que finalmente nos ponha

/ no meio de uma verdade. / O olhar busca ao redor, / a mente indaga conjuga desacorda / no perfume que inunda / enquanto o dia mais esmorece. / São os silêncios em que se vê (...).]

Tal estado de mente encontra-se entre o desejo e a possibilidade de descoberta pela interiorização, pela reflexão, pela elaboração daquilo que o poeta tem vivido. Mas a ilusão termina e diante dele não há mais silêncio, mas muito *barulho città rumorose* [cidades ruidosas], *azzurro a pezzi* [azul aos pedaços].

O silêncio povoado de sensações, as cenas da infância, são o campo fértil para a elaboração simbólica que o leva à essência, ao verdadeiro sentido das suas emoções.

Capitulo VI

Tempo-Espaço na Poética Montaliana

O tema do tempo-espaço não pode ser isolado de todo o tecido da obra montaliana, em que a presença dos fenômenos da natureza é constante e, em *OS*, ela prevalece. O próprio Montale diz: *"i miei motivi sono semplici e sono il paesaggio (qualche volta allucinato ma spesso naturalistico) e l'evasione, la fuga dalla catena ferrea della necessitá* ["Os meus motivos são simples e são a paisagem (às vezes alucinada, mas frequentemente natural) e a evasão, a fuga da corrente férrea da necessidade"]. (*"Lettera a Piero Gadda Conti: cit in Letteratura" XXX, 1966, n79-81*)

A paisagem natural, onipresente em *OS*, regula o ritmo dos eventos e o tempo humano está determinado por sequências de luz-sombra, por ritmos dia-noite, pela alternância das estações do ano. A luminosidade máxima diz respeito ao agora, talvez ao momento da percepção ou da intuição, momento esse que estará muito presente em *OC*, sob forma de *barlumi* (vislumbres), *barbagli* (deslumbramentos), *guizzi* (movimentos / lampejos), etc.

Em *OS* a passagem do tempo e a impossibilidade de se opor a esse fluir são temas centrais de líricas como *Fine dell'infanzia (OS)*:

> *Volarono anni corti come giorni (...)Ogni attimo bruciava / negli istanti futuri senza tracce / vivere era ventura troppo nuova / ora per ora, e ne batteva il cuore (...) la fanciullezza era morta in un giro a tondo*

[Voaram anos curtos como dias (...) Cada instante queimava / nos átimos futuros sem rastros / viver era ventura muito nova / hora por hora e o coração batia (...) a infância tinha morrido num jogo de roda]

É o tempo do desenvolvimento humano e a saída da infância é sentida como repentina:

Un'alba dovè sorgere che un rigo / di luce su la soglia / forbita ci annunziava come un'acqua: / e noi certo corremmo / ad aprire la porta / (...) L'inganno ci fu palese. / Pesanti nubi sul torbato mare / che ci bolliva in faccia, tosto apparvero. / Era in aria l'attesa / di un procelloso evento.

[Um alvor deu de surgir que um risco / de luz sobre a soleira / brunida anunciava como uma água; / e nós claro corremos / para abrir a porta / (...) o engano foi patente. / Pesadas nuvens sobre o mar de turfa / que nós fervia as faces, logo apareceram./ Havia no ar a espera / de um tempestuoso evento].

O *procelloso evento* parece-nos uma alusão às transformações do corpo e da mente pela chegada da maturação sexual, da adolescência que propõe muitas mudanças: separar-se da infância qual uma crisálida e reencontrar-se numa nova identidade a ser construída. Tal período é acompanhado pelas sensações angustiantes do desfazer-se, fragmentar-se, que podem levar à imobilidade como defesa. Esse processo é amplamente descrito no poema, *L'agave su lo scoglio (OS)*, no qual se encontram imagens que expressam tais sensações, equiparadas aos ventos, cujos nomes são usados como subdivisões do poema: *Scirocco, Tramontana, Maestrale*. Em *Scirocco*, o vento raivoso que queima o terreno *gialloverde* [verde ouro], vem do sul, e faz-se metáfora das ondas quentes da maturação sexual, dos desejos, dos sobressaltos que causam perplexidade. Enquanto isso, tudo continua: *vita che fugge / come acqua tra le dita:* [vida que foge / como água entre os dedos:]. O eu-lírico mantém-se fixo como um ágave no escolho, escapando de ser engolido pelo mar; foge dessa idade cheia de comoções, sensações, confusões, sentindo-se despreparado: *coi miei racchiusi bocci* [com meus botões fechados], e sente tal imobilidade (defensiva) *un tormento*.

Em Tramontana o vento frio e violento arranca tudo entre uivos e gemidos, tudo revira e desagrega, numa metáfora do que ocorre no íntimo do poeta:

> *E tu che tutta ti scrolli tra i tonfi / dei venti disfrenati / e stringi a te i bracci gonfi / di fiori non ancora nati / come senti nemici / gli spiriti che la convulsa terra / sorvolano a sciami / mia vita sottile, e come ami / oggi le tue radici.*
>
> [E tu que toda te sacodes entre os baques / dos ventos impetuosos / e apertas os braços / inflados de flores ainda não nascidas / como sentes inimigos / os espíritos que a convulsa terra / sobrevoam em enxames / minha vida delgada, e como amas / hoje tuas raízes.]

L'agave su lo scoglio - Tramontana (A ágave sobre o escolho)

Ed ora sono spariti i circoli d'ansia	*E agora sumiram os círculos ansiosos*
che discorrevano il lago del cuore	*que corriam no lago do coração*
e quel friggere vasto della materia	*e aquele frigir vasto da matéria*
che discolora e muore.	*que descolora e morre.*
Oggi una volontà di ferro spazza l'aria,	*Hoje uma vontade de ferro varre o ar*
divelle gli arbusti, strapazza i palmizi	*arranca arbustos, maltrata as tamareiras*
e nel mare compresso scava	*e no mar contido escava*
grandi solchi crestati di bava.	*grandes sulcos com bordas de baba.*
Ogni forma si squassa nel subbuglio	*Cada forma se abala no bulício*
degli elementi; è un urlo solo, un muglio	*dos elementos; é um urro só, um mugido*
di scerpate esistenze: tutto schianta	*de existência estirpada: tudo abate*
l'ora che passa: viaggiano la cupola	*a hora que passa: viajam a cúpula*
del cielo	*do céu*
non sai se foglie o uccelli – e non son più.	*se folha ou ave não sabes – e não mais são.*
E tu che tutta ti scrolli fra i tonfi	*E tu que toda te sacodes entre os baques*
dei venti disfrenati	*dos ventos ímpetuosos*
e stringi a te i bracci gonfi	*e apertas os braços inflados*
di fiori non ancora nati;	*de flores ainda não nascidas*
come senti nemici	*como sentes inimigos*
gli spiriti che la convulsa terra	*os espíritos que a convulsa terra*
sorvolano a sciami,	*sobrevoam em enxames,*
mia vita sottile, e come ami	*minha vida delgada, e como amas*
oggi le tue radici.	*hoje as tuas raízes.*

Em *Maestrale (OS) Si è rifatta la calma* [se refez a calma] *mas specchia nel suo cuore vasto codesta povera mia / vita turbata* [espelha-se em seu vasto interior / minha pobre / vida perturbada]. Mas o tempo não se detém: ...*qualche uccello di mare se ne và: nè sosta mai: perchè tutte le immagini portano scritto: / più in là!* [... alguma ave marítima se vai: nem nunca pousa: porque em toda imagem está gravado / adiante, mais!].

L'agave su lo scoglio - Maestrale (A ágave sobre o escolho)

S'è rifatta la calma	Tornou a fazer-se a calma
nell'aria: tra gli scogli parlotta	no ar: entre os escolhos murmura
la maretta.	a onda pequena.
Sulla costa quietata, nei broli, qualche	Na costa aquietada, nos jardins, alguma
palma	palma
a pena svetta.	desponta, apenas.
Una carezza disfiora	Uma carícia desflora
la linea del mare e la scompiglia	a linha do mar e a descompõe
un attimo, soffio lieve che vi s'infrange	um átimo, sopro leve que aí se rompe
e ancora	e agora
il cammino ripiglia.	ao caminho retorna.
Lameggia nella chiaria	Lamela no claror
la vasta distesa, s'increspa, i	a vasta planície, encrespa-se,
ndi si spiana beata	estende-se beata
e specchia nel suo cuore vasto codesta	e espelha em seu vasto interior esta
povera mia	minha pobre
vita turbata.	vida turbada.
O mio tronco che additi,	Ó meu tronco que indicas,
in questa ebrietudine tarda,	nessa hebriedade tardia,
ogni rinato aspetto coi germogli fioriti	cada novo aspecto com brotos floridos
sulle tue mani, guarda:	sobre tuas mãos, espia:

sotto l'azzurro fitto   por sob o azul cerrado
del cielo qualche uccello di mare se ne va;   do céu alguma ave marítima se vai;
nè sosta mai: perchè tutte le immagini   nem nunca pousa: pois em toda imagem
portano scritto: está gravado:
'più in là'.   " adiante, mais ".

Ao analisar o poema *Flussi (OS)*, Casadei (9) destaca a interação entre as imagens temporais e a estrutura métrico-rítmica da composição. Essa mesma interação se dá em *Casa sul Mare (OS)*.

Casa sul mare (Casa sobre o mar)

Il viaggio finisce qui: A viagem termina aqui:
nelle cure meschine che dividono   nos mesquinhos cuidados que dividem
l'anima che non sa più dare un grido.   a alma que já não sabe mais gritar.
Ora i minuti sono eguali e fissi   Agora os minutos são iguais e fixos
come i giri di ruota della pompa.   como os giros de roda de uma bomba.
Un giro: un salir d'acqua che rimbomba.   Um giro: um subir d'água que ribomba.
Un altro, altr'acqua, a tratti un cigolio.   Um outro, outra água, por vezes, um chiado.

Il viaggio finisce a questa spiaggia   A viagem termina nesta praia
che tentano gli assidui e lenti flussi.   que atentam os assíduos lentos fluxos.
Nulla disvela se non pigri fumi   Nada revela a não ser moles fumos
la marina che tramano di conche   a marina que de nichos tecem
i soffi leni: ed é raro che appaia   os sopros doces: e raro é que surja
nella bonaccia muta   na bonança muda
tra l'isole dell'aria migrabonde   entre as ilhas dos ares migrabundas
la Corsica dorsuta o la Capraia.   a Córsega dorsuda ou a Capraia.

Tu chiedi se così tutto vanisce	*Tu perguntas se tudo desvanece*
in questa poca nebbia di memorie;	*nessa pouca neblina de memórias;*
se nell'ora ch'è torpe o nel sospiro	*se no entorpecer ou no suspiro*
del frangente si compie ogni destino.	*do frangente se cumpre cada destino.*
Vorrei dirti che no, che ti s'appressa	*Quero dizer que não, que se aproxima*
l'ora che passerai di là dal tempo;	*a hora que passarás além do tempo;*
forse solo chi vuole s'infinita,	*quem sabe só quem queira se infinita,*
e questo tu potrai, chissà, non io.	*e isto conseguirás tu talvez, não eu.*
Penso che per i più non sia salvezza	*Para os demais não há como salvar-se,*
ma taluno sovverta ogni disegno,	*mas alguém subverta seu desenho,*
passi il varco, qual volle si ritrovi.	*cruze a passagem, como quis se encontre.*
Vorrei prima di cedere segnarti	*Queria, ao ceder, mostrar-te*
codesta via di fuga	*esta linha de fuga*
labile come nei sommossi campi	*lábil como nos revoltos campos*
del mare spuma o ruga.	*do mar espuma ou ruga.*
Ti dono anche l'avara mia speranza.	*Dôo-te também minha avara esperança.*
A'nuovi giorni, stanco, non so crescerla:	*Aos novos dias, cansado, não a cresço:*
l'offro in pegno al tuo fato, che ti scampi.	*dôo-a em penhor ao teu fato, que te exima.*
Il cammino finisce a queste prode	*O caminho termina nessas orlas*
che rode la marea col moto alterno.	*que rói a maré com moto alterno.*
Il tuo cuore vicino che non m'ode	*Teu coração ao lado, que não ouve,*
salpa già forse per l'eterno.	*zarpa talvez em direção ao eterno.*

As quatro estrofes do poema remetem a um jogo de metáforas entre o tempo exterior e o interior, reforçando aproximações e distanciamentos entre o íntimo do sujeito e os elementos da natureza que o circundam.

Na primeira estrofe, por exemplo, tempo exterior e interior se sobrepõem equivalendo-se e levando a uma espécie de inércia:

Il viaggio finisce qui:/ nelle cure meschine che dividono / l'anima che non sa più dare un grido. / ora i minuti sono eguali e fissi / come i giri di ruota della pompa. / un giro: un salir d'acqua che rimbomba. / un altro, altr'acqua, a tratti un cigolio.

[A viagem termina aqui: / nos mesquinhos cuidados que dividem / a alma que não sabe mais gritar. / Agora os minutos são iguais e fixos / como os giros de roda de uma bomba. / Um giro: um subir d'água que ribomba. / Um outro, outra água, às vezes, um chiado.]

Na terceira estrofe o poeta, em sua reflexão, vive sua *vicenda* (vicissitude), lutando entre o tempo externo e o tempo memorial (interno). Ocorre um confronto entre ambos, um descompasso, entre tudo o que: *vanisce / in questa poca nebbia di memorie* [desvanece / nessa pouca neblina de memória], e o cumprir-se do destino no tempo real, descompasso que ele tenta resolver, superando a barreira do tempo por meio da fuga:

Penso che per i più non sia salvezza, / ma taluno sovverta ogni disegno, / passi il varco, qual volle si ritrovi. / Vorrei prima di cedere segnarti / codesta via di fuga / labile come nei sommossi campi / del mare spuma o ruga.

[Para os demais não há como salvar-se, / mas que alguém subverta seu desenho, / cruze a passagem, como quis se encontre. / Queria, ao ceder, mostrar-te / esta linha de fuga / lábil como nos revoltos campos / do mar espuma ou ruga.]

Por ser recorrente na obra do poeta, a fuga representa uma possibilidade, ainda que incerta, de solução. Mas ele mesmo sabe que: *Il cammino finisce a queste prode / che rode la marea col moto alterno. / Il tuo cuore vicino che non m'ode / salpa già forse per l'eterno.* [O caminho termina nessas orlas / que rói a maré com moto alterno. / Teu coração ao lado que não ouve / zarpa talvez em direção ao eterno.]

De qualquer modo, o tempo é metaforizado, principalmente pelo movimento: fluxo contínuo, queda brusca (*precipitare, cadere, frana, crollo, sfacelo*) ou pela passagem. O movimento vertical nem sempre pertence à dimensão temporal, pois parece haver um precipitar e um cair num vazio aterrorizante, como bem observa Calvino (1977) (10) ao comentar essa questão, no poema *Forse un mattino andando (OS)*, tecendo uma consideração acerca da experiência subjetiva do espaço em um dado tempo, em Montale:

Forse un mattino andando (Talvez uma manhã andando)

Forse un mattino andando in un'aria di vetro,	Talvez uma manhã andando num ar de vidro,
arida, rivolgendomi, vedrò compirsi il miracolo:	árido, ao volver-me, verei cumprir-se o milagre:
il nulla alle mie spalle, il vuoto dietro di me, con un terrore di ubriaco.	o nada às minhas costas, o vazio atrás de mim, com um terror de embriagado.
Poi come s'uno schermo, s'accamperanno di gitto	Depois, como numa tela, vão se acampar de repente
alberi case colli per l'inganno consueto.	árvores casas colinas para o engano consueto.
Ma sarà troppo tardi; ed io me n'andrò zitto tra gli uomini che non si voltano, col mio segreto.	Mas será tarde; e eu irei silente entre os homens que não se viram, com meu segredo.

Segundo Calvino, o espaço separa-se do mundo objetivo e se impõe como tal, vazio e sem limites. A descoberta é saudada por Montale como favor, "milagre", a aquisição de verdade contraposta ao "engano habitual", mas sofrida como uma vertigem espantosa, *con un terrore ubriaco*.

Calvino sugere que este poema não tem objetos, nem emblemas naturais ou paisagens, sendo um poema de imaginação e de pensamento abstratos, raro em Montale.

A expressão In un'aria di vetro a enxuta, cristalina transparência do ar invernal (um halo de névoa na paisagem costeira) é identificada com a espessura e o peso do existir.

A concretude do ar invisível, que parece vidro, impõe-se ao mundo e o faz desaparecer. O ar-vidro é o elemento deste poema, e a cidade de vidro se torna diáfana até desaparecer: *Andando in un'aria di vetro.* (...) *Il vuoto dietro / di me.*, caminhando no ar até sentir-se como suspenso, no vazio.

Il vuoto e il nulla estão alle mie spalle, dietro di me, parecem ser a construção de um modelo cognitivo para Calvino: o espaço que nos circunda pode ser dividido em um campo visual, diante de nossos olhos e um campo invisível, às nossas costas. Define-se o primeiro como *schermo d'inganni* [tela de enganos] e o segundo como *vuoto* [vazio], a verdadeira substância do mundo. Calvino lembra que a divisão do espaço em um campo anterior e um campo posterior é uma operação elementar das categorias cognitivas humanas e dos animais. O mundo passa a ser o campo anterior, ao passo que o campo posterior corresponde a uma zona de incognoscibilidade, de não-mundo, do NADA. Para Calvino, o sujeito do poema consegue, por uma combinação de fatores objetivos (ar de vidro árido) e subjetivos (receptividade a um milagre gnoseológico) virar-se tão de repente para conseguir olhar onde o seu campo visual ainda não ocupou o espaço – e ver o nada, o vazio. Nos espelhos de Montale, continua Calvino, as imagens não são refletidas, mas afloram de dentro, de baixo, vão ao encontro do observador, como ocorre nos poemas *Gli orecchini(B)*, e *Vasca (OS)*:

Gli orecchini (Os brincos)

Non serba ombra di voli il nerofumo
della spera. (E del tuo non é più traccia).
È passata la spugna che i barlumi
indifesi dal cerchio d'oro scaccia.
Le tue pietre, i coralli, il forte impero
che ti rapisce vi cercavo; fuggo
l'iddia che non s'incarna, i desiderî
porto fin che al tuo lampo non si struggono.
Ronzano èlitre fuori, ronza il folle
mortorio e sa che due vite non contano.
Nella cornice tornano le molli
meduse della sera. La tua impronta
verrà di giù: dove ai tuoi lobi squallide
mani, travolte, fermano i coralli.

Não guarda sombra de vôos o negro-fumo
do espelho.(Do teu não há mais rastro).
Passou-se a esponja que o fulgor
indefeso do aro de ouro afasta.
Tuas pedras, os corais, o forte império
que te arrebata eu procurava; fujo
a deusa que não se encarna, os desejos
trago até que ao teu claror se desfaçam.
Zunem élitras fora, zune o louco
mortório e sabe que duas vidas não contam.
Na moldura retornam as moles
medusas da tarde. A tua pegada
virá de baixo: onde aos teus lóbulos magras
mãos, agitadas, prendem os corais.

Vasca (Espelho d'agua)'

Passò sul tremulo vetro
un riso di belladonna fiorita,
di tra le rame urgevano le nuvole,
dal fondo ne riassommava
la vista fioccosa e sbiadita.
Alcuno di noi tirò un ciottolo

Passou no trêmulo vidro
um sorriso de beladona florida,
entre os ramos urgiam as nuvens,
do fundo sua visão reemergia
flocosa e descorada.
Um de nós atirou um seixo

che ruppe la tesa lucente:	*que rompeu a tensão reluzente:*
le molli parvenze s'infransero.	*partiram-se as moles aparências.*
Ma ecco, c'è altro che striscia	*Mas há algo mais que se arrasta*
a fior della spera rifatta liscia:	*sobre o espelho refeito liso:*
di erompere non ha virtù,	*de brotar não tem virtude,*
vuol vivere e non sa come;	*quer viver e não sabe como;*
se lo guardi si stacca, torna in giù:	*se o olhas se desprende, vai abaixo:*
è nato e morto, e non há avuto um nome.	*nasceu e morreu, e não teve um nome.*

Calvino diz: "A imagem não é algo que o olho registre nem algo que se situe no olho; é algo que vem do cérebro, a partir de estímulos transmitidos pelos nervos ópticos, mas somente numa zona do cérebro adquire uma forma e um sentido. Aquela zona é o schermo [tela], nela se alojam as imagens; se conseguir, *rivolgendomi*, voltando-me para dentro de mim mesmo, ver além, ou seja, compreender o mundo como é, quando minha percepção não lhe atribui cores e formas de árvores, casas e colinas, então caminharei às cegas numa escuridão sem dimensões nem objetos, atravessada por uma poeira de vibrações frias e informes, e sombras"(11).

Neste poema, a reconstrução do mundo ocorre *come s'uno schermo* [como numa tela], metáfora sem dúvida, afirma Calvino, ligada ao cinema, cuja era se inicia na época de *OS*, em que o mundo (árvores, casas) corre diante de nossos olhos numa tela bidimensional, e a rapidez de seu aparecimento (*di gitto*) se manifesta numa sucessão de imagens em movimento.

A tradição poética usava a palavra *schermo* [tela] com o significado de anteparo-ocultamento ou de diafragma. Aqui, lembra Calvino, Montale usa a palavra *schermo* no sentido de tela cinematográfica.

A rapidez do mundo que corre e a rapidez da mente que intui: compreender (ter *insights*) é uma questão de sermos velozes, virar-se *di gitto* [de repente], para surpreender, o *hide-behind borgeano*, um animal muito rápido que está sempre às costas do indivíduo (o que Borges relatou, como lenda, em seu livro "*Zoologia Fantástica*".

O homem de Montale é o que conseguiu volver-se e ver o "*hide-behind*", o mais assustador dos animais, o NADA.

A roda repetitiva do tempo, tão frequente em *Ossi di Seppia: La vita è questo scialo / di triti fatti, vano / più che crudele* [A vida, este desbarato / de gastos fatos, vão / mais que cruel] *Flussi* (p.texto); *Ora i minuti sono eguali e fissi / come i giri di ruota della pompa* [Ora os minutos são iguais e fixos / como os guias de roda de uma bomba] *Casa sul mare;* (...) *L'ore / eguali, strette in trama, un ritornello / di castagnette* [As horas / iguais, presas em trama, um estribilho / de castanholas] *Arsenio*, opõe-se ao relâmpago revelador (uma acepção que complementa a de Calvino), ao momento iluminado e fugaz, como em *Arsênio (OS)*, cujo protagonista, a quem o poeta se dirige aflito, em seu delírio de imobilidade, convida-o a seguir *il segno di un altra orbita* [o signo de outra órbita] . A salvação tem o caráter do instante, da iluminação súbita e, por que não, da ocasião que o fará continuar com seu segundo livro, dando-lhe exatamente o título *Le Occasioni*.

A acepção memorial do tempo, o tempo-memória, é outra dimensão que fala do tempo interior, como já foi visto e que vamos agora abordar em *Vento e Bandiere (OS)*. Neste poema o tempo passado é trazido à memória por um vento forte, *La folata che alzò l'amaro aroma / del mare alle spirali delle valli, / e t'investì, ti scompigliò la chioma* [A lufada que içou o amargo aroma / do mar às espirais dos vales / e te investiu, te desgrenhou os cabelos ...], confrontado com um tempo presente, mas no mesmo espaço de outrora, ocupado agora por uma festa: *...ritrova ora il giardino il sommesso alito / che ti cullò, riversa* *sull'amaca. / tra gli alberi, ne'tuoi voli senz'ali ...* [...reencontra o jardim o suave sono / que te embalou, reversa na rede / entre as árvores, nos teus vôos sem asas ...].

O tempo cíclico da paisagem e dos fenômenos naturais (como o vento) não é o mesmo tempo do indivíduo. Mesmo assim o poeta utiliza um fenômeno da natureza – a semeadura de grãos – como exemplo de que não há dois tempos iguais, e de que o que existiu entre eles "naquele tempo passado", tal como acontece com a natureza, vai acabar: *la nostra fiaba brucerà in un lampo* [nossa história queimará num relâmpago]:

Vento e Bandiere (Vento e Bandeiras)

La folata che alzò l'amaro aroma	A lufada que içou o amargo aroma
del mare alle spirali delle valli,	do mar às espirais dos vales,
e t'investì, ti scompigliò la chioma,	e te investiu, te desgrenhou tua coma
groviglio breve contro il cielo pallido;	maranha breve contra o pálido céu;
la raffica che t'incollò la veste	a rajada que te colou a veste
e ti modulò rapida a sua immagine,	e te modulou rápida à sua imagem,
com'è tornata, te lontana, a queste	como voltou, tu distante, a estas
pietre che sporge il monte alla voragine;	pedras que tende o monte à voragem;
e come spenta la furia briaca	e como extinta a fúria ébria
ritrova ora il giardino il sommesso alito	reencontra ora o jardim o suave sopro
che ti cullò, riversa sull'amaca,	que te embalou, revirada na rede,
tra gli alberi, ne' tuoi voli senz'ali.	entre as árvores, nos teus voos sem asas.
Ahimè, non mai due volte configura	Helás, nunca duas vezes configura
il tempo in egual modo i grani!	o tempo em igual modo os grãos!
E scampo	E saída

n'è: ché, se accada, insieme alla natura	não há: e se ocorrer, junto com a natura
la nostra fiaba brucerà in un lampo.	nossa história queimará num clarão.
Sgorgo che non s'addoppia, - ed or fa vivo	Jorro que não duplica – e agora aviva
un gruppo di abitati che distesi	um grupo de moradas que estendidas
allo sguardo sul fianco d'un declivo	ao olhar no flanco de um declive
si parano di gale e di palvesi.	se ornam de laços e de paveses.
Il mondo esiste ...Uno stupore arresta	O mundo existe....Um estupor detém
il cuore che ai vaganti incubi cede,	o coração que aos pesadelos cede,
messageri del vespero: e non crede	mensageiros do véspero: e não crê
che gli uomini affamati hanno una festa.	que homens esfomeados tenham festa.

Em *Crisalide (OS)* o instante, o aqui e agora, doloroso ou não, é sempre realidade vital: *Ogni attimo vi porta nuove fronde ..* [Cada instante vos traz novas frondes ..].

O tempo irrepetível é o tempo linear, o tempo humano que vai do nascimento à morte.

(...) ecco precipita / il tempo, spare con risucchi rapidi / tra i sassi, ogni ricordo è spento; / [(...)eis precipita / o tempo, some em remoinhos rápidos / entre os seixos, toda lembrança morre; /]. A seguir, o poema na íntegra:

Crisalide (Crisalida)

L'albero verdecupo	A árvore verde escura
si stria di giallo tenero e s'ingromma.	de amarelo tenro estria-se e se encrosta.
Vibra nell'aria una pietà per l'avide	Vibra no ar uma piedade pelas ávidas
radici, per le tumide cortecce.	raízes, pelas túmidas cortiças.

Son vostre queste piante
scarse che si rinnovano
all'alito d'Aprile, umide e liete.
Per me che vi contemplo da quest'ombra,
altro cespo riverdica, e voi siete.

Ogni attimo vi porta nuove fronde
e il suo sbigottimento avanza ogni altra
gioia fugace; viene a impetuose onde
la vita a questo estremo angolo d'orto.
Lo sguardo ora vi cade su le zolle;
una risacca di memorie giunge
al vostro cuore e quasi lo sommerge.
Lunge risuona un grido: ecco precipita
il tempo, spare con risucchi rapidi
tra i sassi, ogni ricordo è spento; ed io
dall'oscuro mio canto mi protendo
a codesto solare avvenimento.

Voi non pensate ciò che vi rapiva
come oggi, allora, il tacito compagno
che un meriggio lontano vi portava.
Siete voi la mia preda, che m'offrite
un'ora breve di tremore umano.
Perderne non vorrei neppure un attimo:
è questa la mia parte, ogni altra è vana.
La mia ricchezza è questo sbattimento
che vi trapassa e il viso
in alto vi rivolge; questo lento
giro d'occhi che ormai sanno vedere.

Così va la certezza d'un momento
con uno sventolio di tende e di alberi

São vossas essas plantas
ralas que se renovam
ao hálito de Abril, ledas e úmidas.
Para mim que vos contemplo desta sombra,
outra moita reverdece, e vós sois.

Cada instante vos leva novas frondes
e o seu assombro supera todo outro
júbilo fugaz; vem em impetuosas ondas
a vida a este extremo canto de horta.
Vosso olhar cai agora sobre o solo;
uma ressaca de memórias vos alcança
o coração e o submerge, quase.
Longe um grito ressoa: eis precipita
o tempo, some em remoinhos rápidos
entre os seixos, toda lembrança morre;
e eu do obscuro meu canto me protendo
a este solar acontecimento.

Vós não sabeis o que vos arrebatava
tal como hoje, o calado amigo
que uma tarde longínqua vos levava.
Sois vós minha presa, que me dais
uma hora breve de tremor humano.
Perder sequer um átimo queria:
meu quinhão é este, outro qualquer é vão.
Minha riqueza é esta agitação
que vos perpassa e o rosto
ao alto vos levanta; este lento
girar de olhos que já sabem ver.

Assim vai-se a certeza de um momento
num flutuar de plantas e de cortinas

tra le case; ma l'ombra non dissolve	por entre as casas; e a sombra não dissolve
che vi reclama, opaca. M'apparite	que vos reclama, opaca. Apareceis-me
allora, come me, nel limbo squallido	então, tal como eu, no limbo esquálido
delle monche esistenze; e anche la vostra	das existências mancas; também o vosso
rinascita è uno sterile segreto,	renascer é um segredo estéril,
un prodigio fallito come tutti	um prodígio gorado como todos
quelli che ci fioriscono d'accanto.	os que nos florescem lado a lado.
E il flutto che si scopre oltre le sbarre	E as vagas que se vêem por trás das barras
come ci parla a volte di salvezza;	como nos falam, às vezes do salvar;
come può sorgere agile	como pode surgir ágil
l'illusione, e sciogliere i suoi fumi.	a ilusão, e dissipar seus fumos.
Vanno a spire sul mare, ora si fondono	Vão, espirais no mar, ora se fundem
sull'orizzonte in foggia di golette.	sobre o horizonte em forma de goletas.
Spicca una d'esse un volo senza rombo,	Alça uma delas um voo sem estrondo,
l'acque di piombo come alcione profugo	as águas plúmbeas, rasando, feito prófugo,
rade. Il sole s'immerge nelle nubi,	alcião. O sol se imerge nas nuvens,
l'ora di febbre, trepida, si chiude.	a hora febril, trépida, se encerra.
Un glorioso affanno senza strepiti	Um afanar glorioso sem estrépitos
ci batte in gola: nel meriggio afoso	bate-nos na güela; na tarde quente
spunta la barca di salvezza, è giunta:	desponta o barco salvador, chegou:
vedila che sciaborda tra le secche,	ei-lo que marulha nos baixios
esprime un suo burchiello che si volge	expõe um seu batel que vascoleja
al docile frangente – e là ci attende.	ao dócil franger da onda – e nos espera.
Ah crisalide, com'è amara questa	Ah, crisálida, quão amarga é esta
tortura senza nome che ci volve	tortura sem nome que nos ruma
e ci porta lontani – e poi non restano	e nos leva longe – depois não restam
neppure le nostre orme sulla polvere;	sequer nossas pegadas sobre o pó:
noi andremo innanzi senza smuovere	e adiante iremos sem um único seixo
un sasso solo della gran muraglia;	deslocar do grande muro;
e forse tutto è fisso, tutto è scritto,	quem sabe tudo é fixo, tudo é escrito,

Imagens Oníricas e Formas Poéticas
Um Estudo da Criatividade

e non vedremo sorgere per via	*e não veremos surgir pela estrada*
la libertà, il miracolo,	*a liberdade, o milagre,*
il fatto che non era necessário!	*o fato que não era necessário!*
Nell'onda e nell'azzurro non è scia.	*Na onda e no azul não existe rastro.*
Sono mutati i segni della proda	*Já mudaram as marcas dessa praia*
dianzi raccolta come un dolce grembo.	*antes contida como um doce colo.*
Il silenzio ci chiude nel suo lembo	*O silêncio nos fecha na sua orla*
e le labbra non s'aprono per dire	*e os lábios não se abrem a dizer*
il patto ch'io vorrei	*o pacto que eu queria*
stringere col destino: di scontare	*travar com o destino: trocar*
la vostra gioia con la mia condanna.	*vossa alegria por minha danação.*
È il voto che mi nasce ancora in petto,	*É o voto que ainda nasce no meu peito,*
poi finirà ogni moto. Penso allora	*depois o movimento terá fim. Penso então*
alle tacite offerte che sostengono	*nas tácitas ofertas que sustentam*
le case dei viventi; al cuore che abdica	*as casas dos viventes; no coração que abdica*
perché rida un fanciullo inconsapevole;	*para o sorriso de uma criança ignara;*
al taglio netto che recide, al rogo	*no corte seco que rescinde, na fogueira*
morente che s'avviva	*morrendo que se aviva*
d'un arido paletto, e ferve trepido.	*de um tórrido graveto, e arde trépida.*

O tempo eternamente repetido é a ação, o gesto, o que o indivíduo não muda.

O tempo-atual e o tempo transcorrido, ambos ligados pela memória, são representados por Montale, por exemplo, no trecho a seguir:

Il piacere di vivere nasce dalla ripetizione di certi gesti e di certe abitudini, dal fatto di potersi dire: "rifarò quello che ho fatto e sarà pressapoco lo stesso, ma non proprio esattamente lo stesso." Nasce dal diverso nell'identico, ed è uguale tanto per l'analfabeto che per il letterato".

[O prazer de viver nasce da repetição de certos gestos, hábitos, do fato de poder dizer-se: "irei refazer o que fiz e será quase o mesmo, mas não exatamente o mesmo". Nasce do diferente no idêntico, e é igual tanto para o analfabeto quanto para o letrado.] ("La donna barbuta" *In: La Farfalla di Dinard*).

O tempo circular, a repetição típica da natureza, é invocado pelo poeta (o círculo, a roda, o giro), com uma repetição obsessiva, com conotação de fechamento, que se conecta com o tema espacial do aprisionamento: *Nel tuo giro inquieto ormai lo stesso / sapore han miele e assenzio* [Em teu giro inquieto enfim o mesmo / sabor tem mel e absinto] *Mia vita a te non chiedo (OS)*:

Mia vita a te non chiedo (Vida minha, a ti não peço)

Mia vita, a te non chiedo lineamenti	*Vida minha, a ti não peço lineamentos*
fissi, volti plausibili o possessi.	*fixos, vultos plausíveis ou posses.*
Nel tuo giro inquieto ormai lo stesso	*Em teu giro inquieto enfim o mesmo*
sapore han miele e assenzio.	*sabor tem mel e absinto.*
Il cuore che ogni moto tiene a vile	*O coração que despreza todo moto*
raro è squassato da trasalimenti.	*raro é abalado pelos sobressaltos.*
Cosi suona talvolta nel silenzio	*Assim ouve-se às vezes no silêncio*
della campagna un colpo di fucile.	*da planicie um tiro de espingarda.*

Corroído por uma incapacidade de lembrar, ou vítima de um processo de deformação e distorção, o tempo memorial torna diverso o ato rememorativo,

Lontani andremo e serberemo un'eco / della tua voce, come si ricorda / del sole l'erba grigia [Longe iremos e guardaremos um eco / de tua voz, assim como se lembra / do sol a relva cinzenta.], lê-se em *Mediterraneo 6 (OS)*:

Noi non sappiamo quale sortiremo*(Nos não sabemos qual amanhã)*

Noi non sappiamo quale sortiremo	Nós não sabemos qual amanhã
domani, oscuro o lieto;	sortearemos, obscuro ou ledo;
forse il nostro cammino	talvez nosso caminho
a non tócche radure ci addurrà	nos leve a clareiras intocadas
dove mormori eterna l'acqua di giovinezza;	onde murmure eterna a água dos jovens;
o sarà forse un discendere	ou será talvez uma descida
fino al vallo estremo,	até o valo extremo,
nel buio, perso il ricordo del mattino.	no escuro, sem lembrar da manhã.
Ancora terre straniere	Talvez terras estranhas
forse ci accoglieranno: smarriremo	ainda nos acolham: perderemos
la memoria del sole, dalla mente	a memória do sol, da mente
ci cadrà il tintinnare delle rime.	o tilintar das rimas nos cairá.
Oh la favola onde s'esprime	Oh a fábula onde se exprime
la nostra vita, repente	nossa vida, de repente
si cangerà nella cupa storia che non	se moldará turva historia que não
si racconta!	se relata!
Pur di una cosa ci affidi,	Mas de uma coisa nos fie,
padre, e questa è: che un poco del tuo dono	pai, e esta é: que um pouco do teu dom
sia passato per sempre nelle sillabe	tenha passado para sempre nas silabas
che rechiamo con noi, api ronzanti.	que trazemos conosco, zangões zumbindo.
Lontani andremo e serberemo un'eco	Longe iremos e um eco guardaremos

della tua voce, come si ricorda	*de tua voz, como se recorda*
del sole l'erba grigia	*do sol a relva cinza*
nelle corti scurite, tra le case.	*nos quintais sombreados, pelas casas.*
E un giorno queste parole senza rumore	*E um dia estas palavras sem ruído*
che teco educammo nutrite	*que contigo educamos nutridas*
di stanchezze e di silenzi,	*de cansaço e silêncios*
parranno a un fraterno cuore	*a um coração fraterno*
sapide di sale greco.	*saberão a sal grego.*

Em outros versos, ocorre a aproximação luz-lembrança, em que a memória se atualiza num tempo instantâneo como presença sensível. Têm-se então as sensações, imagens-visões, que antes foram percepções registradas na memória: *Trema un ricordo nel ricolmo secchio, / nel puro cerchio un'immagine ride.* [Trema um vislumbre no transbordante balde, / no puro circulo uma imagem ri.] *Cigola la carrucola (OS)*.

O tema da memória que falha, nebulosa, memória corroída pelo tempo que aparece em *OS*, ganha consistência em *OC*, significando o tempo-que-destrói a memória.

O tempo da memória é tempo passado. Mas de qual memória fala o poeta? Talvez do registro internalizado de vivências e objetos, amados ausentes, e que vão se "enfraquecendo", pela falta concreta das figuras-objetos.

Fragmentos do passado, recortes de cenas vividas pelo poeta ressurgem, atraídos pela associação com estados de mente do presente, como se pode constatar em *La Casa dei Doganieri (OC)*:

(1930) La casa dei Doganieri (A casa dos duaneiros)

Tu non ricordi la casa dei doganieri	*Tu não recordas a casa do aduaneiro*
sul rialzo a strapiombo sulla scogliera:	*no elevado em desaprumo sobre o escolho:*
desolata t'attende dalla sera	*desolada te espera desde a tarde*
in cui v'entrò lo sciame dei tuoi pensieri	*em que entrou em enxame o pensamento*
e vi sostò irrequieto.	*e ali parou irrequieto.*
Libeccio sferza da anni le vecchie mura	*Há anos o sudoeste açoita os velhos muros*
e il suono del tuo riso non è più lieto:	*e o som de tua risada não é alegre:*
la bussola va impazzita all'avventura	*a bússola vai endoidada à aventura*
e il calcolo dei dadi più non torna.	*e o cálculo dos dados não dá certo.*
Tu non ricordi; altro tempo frastorna	*Tu não recordas; outro tempo transtorna*
la tua memória; um filo s'addipana.	*a tua memória; um fio se enovela*
Ne tengo ancora un capo; ma s'allontana	*Seguro ainda uma ponta; mas se afasta*
la casa e in cima al tetto la banderuola	*a casa e no telhado a bandeirinha*
affumicata gira senza pietà.	*enfumaçada gira sem piedade.*
Ne tengo un capo: ma tu resti sola	*Seguro a ponta: mas tu ficas sozinha*
nè qui respiri nell'oscurità.	*nem respiras aqui na escuridão.*
Oh l'orizzonte in fuga, dove s'accende	*Oh, o horizonte em fuga, onde se acende*
rara la luce della petroliera!	*rara a luz do petroleiro!*
Il varco è qui? (Ripullula il frangente	*O valo é aquí? (Repulula a onda*
ancora sulla balza che scoscende ....).	*ainda no declive que desaba....).*
Tu non ricordi la casa di questa	*Tu não recordas a casa desta*
mia sera. Ed io non so chi va e chi resta.	*minha tarde. E eu não sei quem vai e quem fica.*

e em *Ecco il segno s'innerva (OC)*:

Ecco il segno: s'innerva (Eis o sinal: se inerva)

Ecco il segno; s'innerva	Este, o sinal; se inerva
sul muro che s'indora:	sobre o muro que doura:
un frastaglio di palma	um entalhe de palma
bruciato dai barbagli dell'aurora.	queimado pelo claror da aurora
Il passo che proviene	O passo que provém
dalla serra sì lieve,	da serra assim tão leve,
non è felpato dalla neve, è ancora	não é felpado de neve, é ainda
tua vita, sangue tuo nelle mie vene.	tua vida, sangue teu nas minhas veias.

O sinal, aqui, não é um elemento decorativo mas é a descrição do que está se passando no poeta: o sinal como um feixe de nervos no tecido do próprio corpo: vida, sangue, veias.

O "vocabulário de formas" que sugerimos neste capítulo, aqui aparece como *un frastaglio di palma / sul muro che s'indora*,[Um entalhe de palmas / sobre o muro que doura] fragmento do passado atraído à memória com o estado de mente presente: a recuperação certa do objeto ausente, cujo passo se torna batimento nas veias do poeta.

Em *OC*, a expressão da irreversibilidade do tempo emerge de uma trama feita de alusões, indícios, acenos. Elisabetta Graziosi [12], ressalta que o tempo em *OC* se realiza por meio da imagem de um som brevíssimo, de um gesto, de uma luz, movimento repentino, pontual, formando o desenho de um universo descontínuo, em dissolução, com uma série de episódios incoerentes e sem trama lógica. O átimo é essencialmente perceptivel, reduzido ao seu instantâneo conteúdo sensível, intenso emotivamente, mas de curtíssima duração. O tempo é instantâneo, retratado em termos de gestos, som, luz movimento.

O tempo-luz: *lampo* [clarão], *guizzo* [esguicho, moto, facho, chispa], *scintilla* [cintila, faisca], *barbaglio* [lampejo], *barlume* [indício, vislumbre], *baleno* [relâmpago], *squarcio* [rasgão], *folgore* [raio, fulguração], *bagliore* [esplendor, fulgência], *riverbero* [brilho, resplendor], *spiraglio* [fenda, fresta], é percepção do instante, que é iluminada e devolvida à escuridão, não havendo luminosidade contínua, difusa.

O tempo-som também tem o mesmo significado de representação sensível do instante: nasce do silêncio e recai imediatamente no silêncio. É *scoppio* [explosão], *sparo* [disparo], *colpo* [golpe], *rombo* [estrépito, estrondo], *tonfo* [tombo, baque], *schianto* [estrondo], *tiro* [tiro], *scroscio* [estalido, estampido], *ronzio* [zumbido], *sibilo* [sibilo, silvo].

O gesto e o movimento tornam-se em *OC* como a luz e o som, instantâneos e caducos. Aparecimento, atuação e dissolução são representados por: *sobbalzo* [pulsação violenta], *strappo* [arranco, arrancada], *urto* [choque], *squarcio* [rasgo], *scrollo* [sacudida, abalo], *brivido, salto, schianto* [arrepio, salto, estouro, estrondo, tormento].

Em *Eastbourne (OC)*, o tema da memória: *Riporta "l'onda lunga / della mia vita"*, a lembrança do passado, o chamado da felicidade perdida, toma voz pelo "vocabulário de formas": *Freddo un vento m'investe / ma un guizzo accende vetri / e il candore di mica / delle rupi / ne risplende.* [Frio um vento me investe/ e um facho acende os vidros/ e o candor de micas das rochas/ dele reluz]

De fato, Dante Isella (13) vê na descrição de tal paisagem a evocação de outros mares e penhascos, distantes (Monterosso), mas mais próximo ao coração pela lembrança de Arletta, a jovem que o poeta frequentou ainda em sua terra natal e que perdeu de vista para sempre.

Eastbourne (Eastbourne)

"Dio salvi il Re" intonano le trombe	*"Deus salve o Rei" fazem ouvir as trompas*
da un padiglione erto su palafitte	*de um pavilhão alto sobre palafitas*
che aprono il varco al mare quando sale	*que abrem o passo ao mar quando se arma*
a distruggere peste	*a destruir pegadas*
umide di cavalli nella sabbia	*úmidas de cavalos sobre a areia*
del litorale.	*do litoral.*
Freddo un vento m'investe	*Frio um vento me investe*
ma un guizzo accende i vetri	*e um facho acende os vidros*
e il candore di mica delle rupi	*e o candor de mica das rochas*
ne risplende.	*dele reluz.*
Bank Holiday... Riporta l'onda lunga	*Bank Holiday... Reconduz a onda longa*
della mia vita	*de minha vida*
a striscio, troppo dolce sulla china.	*de raspão, doce demais na encosta.*
Si fa tardi. I fragori si distendono,	*Já é tarde. Os fragores se distendem,*
si chiudono in sordina.	*fecham-se em surdina.*
Vanno su sedie a ruote i mutilati,	*Vão em cadeiras de roda os mutilados,*
li accompagnano cani dagli orecchi	*acompanhados por cães de orelhas*
lunghi, bimbi in silenzio o vecchi.	*longas, crianças em silêncio, velhos.*
(Forse	*(Talvez*
domani tutto parrà un sogno).	*amanhã tudo pareça um sonho).*
E vieni	*E vens*
tu pure voce prigioniera, sciolta	*tu também voz prisioneira, solta*
anima ch'è smarrita,	*alma que se perdeu,*
voce di sangue, persa e restituita	*voz de sangue, desgarrada e devolvida*
alla mia sera.	*à minha tarde.*

Imagens Oníricas e Formas Poéticas
Um Estudo da Criatividade

Come lucente muove sui suoi spicchi	*Tal como move reluzente os gomos*
la porta di un albergo	*a porta de um hotel*
- risponde un'altra e le rivolge un raggio -	*- outra responde e lhe devolve um raio -*
m'agita un carosello che travolge	*agita-me um carrossel que atropela*
tutto dentro il suo giro; ed io in ascolto	*tudo em seu giro; e eu à escuta*
("mia patria!") riconosco il tuo respiro,	*("minha pátria!") reconheço o teu respiro,*
anch'io mi levo e il giorno è troppo folto.	*eu também me ergo, o dia é muito denso.*
Tutto apparirà vano: anche la forza	*Tudo parece vão: também a força*
che nella sua tenace ganga aggrega	*que em sua ganga tenaz mantém reunidos*
i vivi e i morti, gli alberi e gli scogli	*vivos e mortos, as árvores, os escolhos*
e si svolge da te, per te. La festa	*e se desenrola de ti, por ti. A festa*
non ha pietà. Rimanda	*não tem piedade. Ecoa*
il suo scroscio la banda, si dispiega	*seu estalar a banda, difunde-se*
nel primo buio una bontà senz'armi.	*no anoitecer uma bondade inerme.*
Vince il male... La ruota non s'arresta.	*Vence o mal... A roda não se detém.*
Anche tu lo sapevi, luce-in-tenebra.	*Tu também o sabias, luz-em-treva.*
Nella plaga che brucia, dove sei	*Na plaga ardente onde estás*
scomparsa al primo tocco delle	*sumida ao primeiro toque dos*
campane, solo	*sinos, só*
rimane l'acre tizzo che già fu	*permanece o tição acre que já foi*
Bank Holiday.	*Bank Holiday.*

O evento em *OC* é presença efêmera: temos a luz instantânea, a escuridão. Temos o som instantâneo e o silêncio, por exemplo em *Bagni di Lucca (OC): Fra il tonfo dei marroni / e il gemito del torrente / che uniscono i loro suoni* ... [Entre a queda das castanhas / e o gemer do torrente / que confluem seus sons...].

Bagni di Lucca (Banhos de Lucca)

Fra il tonfo dei marroni	*Entre a queda das castanhas*
e il gemito del torrente	*e o gemer do torrente*
che uniscono i loro suoni	*que juntam seus sons*
èsita il cuore.	*hesita o coração.*
Precoce inverno che borea	*Precoce inverno que o boreas*
abbrividisce. M'affaccio	*estremece. Debruço-me*
sul ciglio che scioglie l'albore	*na borda que dissolve a alvura*
del giorno nel ghiaccio.	*do dia no gelo.*
Marmi, rameggi -	*Escoras, mármores -*
e ad uno scrollo giù	*e num meneio caem*
foglie a èlice, a freccia,	*folhas em hélice, em flecha*
nel fossato.	*no fossado.*
Passa l'ultima greggia nella nebbia	*Passa o último grei na neblina*
del suo fiato.	*de seu sopro.*

O movimento instantâneo e a imobilidade *La vela, quando fiotta / e s'inabissa al salto / della rocca* [A vela, quando marulha /e se abisma no salto / do rochedo...] podem ser vistos em *Il ramarro se scocca (OC)*:

Il ramarro, se scocca (O lagarto, se espouca)

Il ramarro, se scocca	*O lagarto, se espouca*
sotto la grande fersa	*sob o grande queimor*
dalle stoppie -	*dos restolhos -*

Imagens Oníricas e Formas Poéticas
Um Estudo da Criatividade

La vela, quando fiotta	*A vela, quando marulha*
e s'inabissa al salto	*e se abisma no salto*
della rocca –	*do rochedo –*
il cannone di mezzodì	*o canhão do meio-dia*
piú fioco del tuo cuore	*mais fraco que teu coração*
e il cronometro se	*e o cronômetro se*
scatta senza rumore	*estala sem ruído*
....	....
e poi? Luce di lampo	*e depois? Luz de relâmpago*
invano puó mutarvi in alcunchè	*em vão pode mudar-vos em algo*
di ricco e strano. Altro era il tuo stampo.	*de rico e estranho. Outra era a tua estampa.*

Enquanto em OS o sentido da passagem do tempo é determinado principalmente pelo ritmo diurno e das estações, em *OC* o fluxo temporal aparece ligado aos eventos mais secretos da existência do indivíduo ...*sciolta / anima ch'è smarrita / voce di sangue, persa e restituita* [..solta / alma que se perdeu, / voz de sangue, desgarrada e devolvida ...] *Eastbourne (OC), s'allontana / la casa e in cima al tetto la banderola / affumicata gira senza pietà.* [se afasta / a casa e no telhado a bandeirinha / enfumaçada gira sem piedade.]*La casa dei Doganieri (OC), m'agita un carosello che travolge / tutto dentro il suo giro ....* [me agita um carrossel que atropela / tudo em seu giro] *Eastbourne (OC)*.

O símbolo do *"circolo"*, com suas associações,*"gorgo, ruota"*, refere-se a um tempo em oscilação perpétua entre repetição e variação, entre movimento e imobilidade onde o passado pode reformar-se, desagregar-se, reaflorar e perder-se numa inquietude existencial: *"Nulla ritorna"* e *"Tutto è uguale"* e *Nulla torna, e tutto torna* [Nada retorna /Tudo retorna], tal como é visto em *Costa San Giorgio (OC):*

Costa San Giorgio (Costa San Giorgio)

Un fuoco fatuo impolvera la strada.	*Um fogo fátuo empoeira a estrada.*
Il gasista si cala giù e pedala	*O gazista de lá desce e pedala*
rapido con la scala su la spalla.	*rápido com a escada sobre o ombro.*
Risponde un'altra luce e l'ombra attorno	*Responde outra luz e a sombra em volta*
sfarfalla, poi ricade.	*adeja e vai caindo.*

Lo so, non s'apre il cerchio	*Eu sei, não se abre o aro*
e tutto scende o rápido s'inerpica	*e tudo desce ou rápido alça-se*
tra gli archi. I lunghi mesi	*entre os arcos. Os meses longos*
son fuggiti così: ci resta un gelo	*assim fugiram: resta-nos um gelo*
fosforico d'insetto nei cunicoli	*fosfórico de inseto nos cunículos*
e un velo scialbo sulla luna.	*e um véu pálido na lua.*
Un dì	*Um dia*
brillava sui cammini del prodigio	*brilhava nos caminhos do prodígio*
El Dorado, e fu lutto fra i tuoi padri.	*El Dorado, e foi luto do ancestral.*
Ora l'Idolo è qui, sbarrato. Tende	*O ídolo está aqui agora, barrado. Tende*
le sue braccia fra i càrpini: l'oscuro	*aos bordos os braços: o obscuro*
ne scancella lo sguardo. Senza voce,	*seu olhar apaga. Sem voz,*
disfatto dall'arsura, quasi esanime,	*desfeito de calor, quase exânime,*
l'Idolo è in croce.	*o Ídolo está em cruz.*

La sua presenza si diffonde grave.	*A sua presença se difunde grave.*
Nulla ritorna, tutto non veduto	*Nada retorna, tudo o não visto*
si riforma nel magico falò.	*reforma-se na mágica fogueira.*
Non c'è respiro; nulla vale: più	*Não há respiro; nada vale: mais*
non distacca per noi dall'architrave	*não retira para nós da arquitrave*
della stalla il suo lume, Maritornes.	*do estábulo seu lume, Maritornes*.*

---

* Maritornes – serva da taberna de Cervantes.

Imagens Oníricas e Formas Poéticas
Um Estudo da Criatividade

Tutto è uguale; non ridere: lo so,	*Tudo está igual; não rias: eu bem sei,*
lo stridere degli anni fin dal primo,	*o ranger dos anos desde o início,*
lamentoso, sui cardini, il mattino	*lamentoso, nos quícios, de manhã*
un limbo sulla stupida discesa –	*um limbo sobre o estúpido declive –*
e in fondo il torchio del nemico muto	*e no fundo o torno do inimigo mudo*
che preme....	*que preme ....*
Se una pendola rintocca	*Se um pêndulo repica*
dal chiuso porta il tonfo del fantoccio	*do fechado traz o baque do fantoche*
ch' è abbattuto.	*que é abatido.*

O tempo em *OC*, dissociado, repetitivo e indiferente desloca, na coletânea *La Bufera*, seu eixo no futuro, numa espera de catástrofe bélica ou de salvação metafísica, encarnada na figura feminina do anjo mensageiro.

Blasucci (14) chama a atenção para as frequentes declarações de inimizade em relação ao tempo, que aparecem entre outros no poema *Il big bang (AV)*:

Il big bang dovette produrre (O big bang teve que produzir)

Il big bang dovette produrre	*O big bang teve que produzir*
un rombo spaventoso	*um rombo assustador*
e anche inaudito perchè non esistevano	*e também inaudito porque não existiam*
orecchie.	*orelhas.*
Queste giunsero solo	*Estas chegaram somente*
dopo molti milioni di millenni.	*após muitos milhões de milênios.*
Verità indiscutibile	*Verdade indiscutível*
che ci riempie di letizia	*que nos enche de júbilo*
fatta eccezione per te mia capinera	*feita exceção por ti minha toutinegra*
che avevi stretto col tempo	*que havias atado com o tempo*
un patto d'inimicizia	*um pacto de inimizade*
e l'hai rispettato perchè forse	*e o respeitastes porque talvez*
ne valeva la pena – chi può dirlo?	*valesse a pena – quem poderá dizer?*

A atitude polêmica em relação à sequência de eventos *in un prima e in un dopo* [num antes e num depois] parece repropor a recusa do tempo mecânico. Há um deslocamento da visão crítica da realidade cósmica, para a realidade humana e histórica, como ocorre, por exemplo, em *La storia non si snoda (AV)*.

La storia non si snoda (A historia não se desata)

La storia non si snoda	*A história não se desata*
come una catena	*como uma corrente*
di anelli ininterrotta.	*de anéis ininterrupta.*
In ogni caso	*Em cada caso*
molti anelli non tengono.	*muitos anéis não seguram.*
La storia non contiene	*A história não contém*
il prima e il dopo,	*um antes e um depois,*
nulla che in lei borbotti	*nada que nela borbulhe*
a lento fuoco.	*a fogo lento.*
La storia non è prodotta	*A história não é produzida*
da chi la pensa e neppure	*por quem a pensa e nem*
da chi l'ignora. La storia	*por quem a ignora. A história*
non si fa strada, si ostina,	*não abre caminho, teima,*
detesta il poco a poco, non procede	*detesta o pouco a pouco, não procede*
né recede, si sposta di binario	*nem retrocede, troca de binário*
e la sua direzione	*e a sua direção*
non è nell'orario.	*não é a do horário.*

Não há, porém, nenhum milagre que acompanhe a quebra da continuidade: os anéis da corrente, que não seguram, não conduzem, como em *I Limoni (OS)*, a um conhecimento verdadeiro, conduzem sim, a uma dimensão fora do homem.

Em *Tempo e Tempi (S)* o poeta expressa sua desconfiança tanto em relação ao tempo mecânico tradicional *(il tempo unico)*, quanto em relação ao tempo parcelado da nova ciência.

Em *Tempo e Tempi* o poeta acredita que somente a casualidade de algumas intersecções, por um erro do dispositivo, pode fazer nascer alguma verdade que importe:

Tempo e Tempi (Tempo e Tempos)

Non c'è un unico tempo:	Não há um único tempo:
ci sono molti nastri	há muitas esteiras
che paralleli slittano	deslizando paralelas quase
spesso in senso contrario e raramente	sempre em sentido contrário e raramente
s'intersecano. È quando si palesa	se intersectam. É quando se revela
la sola verità che, disvelata,	a única verdade que, descoberta
viene subito espunta da chi sorveglia	é logo suprimida por quem controla
i congegni e gli scambi. E si ripiomba	a maquinaria e os desvios. Recai-se
poi nell'unico tempo. Ma in quell'attimo	então no único tempo. Mas naquele instante
solo i pochi viventi si sono riconosciuti	só os poucos viventes se reconheceram
per dirsi addio, non arrivederci.	para dizer-se adeus, não até mais.

A verdade é vista como fruto de um erro na ordem universal: *volli cercare il male che tarla il mondo* [quis procurar o mal que rói o mundo] *Mediterraneo 7 (OS)*.

Volta-se às origens? O que era uma hipótese tornou-se uma convicção estável?

Mesmo que haja um ciclo no tempo de cada um e uma rara coincidência do ciclo de um com o de outro, aquele instante é único (*"Addio e non arrivederci"*). Mesmo que existam outras coincidências, as pessoas não serão as mesmas. Se Montale em *Auto da Fé (AF)* fala da existência de um tempo circular, contrastando com a posição filosófica do tempo que não volta (não nos banhamos duas vezes no mesmo rio), nesse poema nota-se uma superação de tal conceito. Mesmo havendo ciclos e retornos, as circunstâncias e os sujeitos não serão os mesmos. Daí a sensação de perda inexorável e contínua.

É curioso reparar como anos mais tarde (1977) Montale retoma a questão de *Tempo e Tempi* tecendo uma série de considerações irônicas quanto aos desenvolvimentos das ciências – teorias físicas e teorias freudianas, no poema *"Tempo e Tempi II" (AV)*:

Tempo e Tempi II (Tempo e Tempos II)

Da quando il tempo-spazio non è più	*Desde que o tempo-espaço não é mais*
due parole diverse per una sola entità	*duas palavras diversas para uma só entidade*
pare non abbia più senso la parola	*parece não ter mais sentido a palavra*
esistere.	*existir.*
C'era un lui con un peso, un suono,	*Havia um ele com um peso, um som,*
forse un'anima	*uma alma talvez*
e un destino eventuale, chissà come.	*e um destino eventual, quem sabe como.*
Ora bisogna sentirselo dire: tu sei tu	*Agora é preciso ouvir dizer: tu és tu*
in qualche rara eccezione perchè per distinguersi	*em certa rara exceção porque para distinguir-se*
ocorre un altro, uno che con sottile artifizio	*carece um outro, um que com sutil artifício*
supponiamo diverso, altro da noi,	*supomos diverso, outro de nós,*
uno scandalo!	*um escândalo!*
Si presume che in fatto di velocità	*Presume-se que em fato de velocidade*
il corvo	*o corvo*

(e anche d'intelligenza) possa dare
dei punti
all'uomo. È un fatto discutibile. Ma
intanto lui vola con ali sue mentre tu
che della vita sapesti solo l'alba e tu
che lottando col buio avesti
migliore destino
e il povero poeta (?) che ti disse
prenotami magari un posto di loggione
lassù se mi vedrai, abbiamo avuto
il sospetto
di stringere qualcosa tra le dita.

Per quanto tempo? Ah sì, c'è sempre
la malefica
invenzione del tempo!

(e também de inteligência) possa
ensinar algo
ao homem. É um fato discutível. Mas
no entanto ele voa com as asas dele enquanto tu
que da vida soubeste somente a aurora e tu
que lutando com a escuridão tiveste
melhor destino
e o pobre poeta (?) que te disse
reserva-me se puder um lugar na galeria
de cima se me vires, tivemos
a suspeita
de apertar algo entre os dedos.

Por quanto tempo? Ah sim, há sempre
a maléfica
invenção do tempo!

Capitulo VII

Eros em Montale

O amor, como tema, pareceu pouco presente na primeira coletânea *OS* a leitores e críticos de Montale. Linati (15) observa: *"il poeta non ci parla mai d'amore"* [o poeta nunca nos fala de amor] . Instigados por tal observação e de posse da resposta do poeta: *"Quanto a Eros, voglia vederne la presenza, assai velata"*, in Crisalide, In Limine e Casa sul Mare" [Quanto a Eros, queira ver sua presença bastante velada em Crisalide, In Limine e Casa Sul Mare], voltamos aos poemas por ele citados e encontramos a *"presenza, assai velata"* de Eros em vários versos de *OS*, sob forma de metáforas do impulso sexual, e da consumação do ato sexual.

A representação da penetração é dada através de elementos da natureza: o vento que ao entrar no pomar vi rimena [vem agitar] a onda da vida, alude a certa violência ou crueldade: Godi se il vento ch'entra nel pomario / vi rimena l'ondata della vita; / [Goza-se o vento que entra no pomar / vem agitar a onda da existência;]. In Limine *(OS)*.

Lembramos, a propósito, os versos: *m'occorrevano il coltello che recide, / la mente che decide e si determina ... / Altri libri occorrevano / a me non la tua pagina rombante* [me faltasse a lamina que corta / a mente que decide e determina-se .. / De outros livros precisava / não de tua página troante] *Mediterrâneo 7(OS)*, que remetem a um tipo de masculinidade com a qual o poeta tem dificuldade de identificar-se.

A figura paterna é sentida como forte, determinada, mas também violenta e que maltrata: *Così, padre, dal tuo disfrenamento / si afferma, chi ti guardi, una legge severa* [Assim, pai, de teu desenfreamento / se afirma, quem te olhe, uma lei severa], *Mediterrâneo 4 (OS), Giunge a volte, repente, / un'ora che il tuo cuore disumano / ci spaura e dal nostro si divide* [Chega às vezes de repente /uma hora que teu coração desumano / nos assombra e do nosso se afasta] e *E questa che in me cresce / è forse la rancura / che ogni figliuolo, mare, ha per il padre* [E este que em mim cresce / é talvez o rancor / que cada filho, mar, tem pelo pai] *Mediterrâneo 5 (OS).*

Difícil deve ter sido a identificação de Eugenio Montale com o modelo masculino de realização do pai e dos irmãos. Na adolescência do poeta os apelos sexuais foram refreados pelo pai, conforme já foi mencionado neste capítulo.

Conjeturamos que de tal desentendimento tenha surgido, por exemplo o poema a seguir: *Upupa, ilare uccello calunniato / dai poeti che roti la tua cresta / sopra l'aereo stollo del pollaio / e come un finto gallo giri al vento; /* [Poupa, pássaro ilar caluniado/ dos poetas, que a tua crista volteias/ sobre a aérea eixo do poleiro/ e como um falso galo giras ao vento]*(OS)* em que se descreve, de certo modo, a falsa soberania desta ave no galinheiro "*come un finto gallo*" [como um falso galo], que, ao mover a crista, fazia com que todos viessem na sua direção: *come tutto di fuori si protende / al muover del tuo capo* [como tudo de fora se protende / ao moto de teu topete].

Essa nossa conjectura está longe daquela formulada pela crítica em Asserragliati fra le rupi e l mare (16) a respeito da *Upupa (OS)*, que, ao descrever as aves presentes na poesia de Montale, afirma: "*Localmente viene chiamata "galletto di marzo" per la cresta (curiosa) e per la sua comparsa primaverile dopo un lungo viaggio migratorio dall' Africa. Ugo Foscolo, nei Sepolcri, la cita, come portatrice di morte e di sventure*

(...) [Localmente é chamada "galeto de março" pela crista (curiosa) e por comparecer na primavera após longa viagem migratória da África. Ugo Foscolo em Os Sepulcros cita-a como portadora de morte e de desventuras]. Não levamos em conta aqui questões de intertextualidade e de tradição poética:

Upupa, ilare uccello (Poupa, pássaro ilar)

Upupa, ilare uccello calunniato	*Poupa, pássaro ilar caluniado*
dai poeti, che roti la tua cresta	*dos poetas, que a tua crista volteias*
sopra l'aereo stollo del pollaio	*sobre o aéreo eixo do poleiro*
e come un finto gallo giri al vento;	*e como um falso galo giras ao vento;*
nunzio primaverile, upupa, come	*núncio primaveril, poupa, como*
per te il tempo s'arresta,	*por ti o tempo pára,*
non muore più il Febbraio,	*não mais morre fevereiro*
come tutto di fuori si protende	*como tudo de fora se protende*
al muover del tuo capo,	*ao moto de teu topete*
aligero folletto, e tu lo ignori.	*alígero duende, e tu o ignoras.*

Porém há uma ambiguidade no poema, ao tachar a ave de falso galo, sem as qualidades do galo, mas ocupando seu lugar. Esta ave ainda é conhecida por sua voz monótona - uma possível alusão às repetidas advertências do pai ao jovem Eugenio.

Quanto a *In Limine (OS)* na segunda estrofe: *Il frullo che tu senti non è un volo / ma il commuoversi dell'eterno grembo; / vedi che si trasforma questo lembo / di terra solitario in un crogiuolo* [O adejar que sentes não é um voo / é o comover-se do regaço eterno; / vê que se transforma essa nesga / de terra solitária num crisol], chama a atenção a palavra *frullo* (o bater e o rumor de asas de um pássaro ao alçar voo), que a nosso ver, seria a representação da ereção do genital masculino e, *crogiuolo* [cadinho], que poderia levar a ideia de estar havendo uma experiência *neste lembo / di terra solitario* [nesga / de terra solitária], que, justamente, seria a sexual. Essas referências diretas, embora isoladas, à sexualidade constituem uma das características constantes da poética de Montale, mais frequentes em *OS*, mas também em *OC*. Veja-se, por exemplo, Il ramarro se scocca *(OC)* (p. texto), onde o som das palavras e os verbos indicam movimentos repentinos e parecem quebrar a imobilidade e o silêncio, produzindo sobressaltos de ânimo e imagens de súbitas aparições, sem aviso, testemunhando a existência de outra vida, além daquela observável por um olhar qualquer. Estes versos parecem ser uma metáfora de uma criação que começou e não conseguiu chegar ao fim. O ato criativo, como súbita iluminação, produz transformações da experiência vivida em poesia. Os eventos sensoriais externos servem para representar esses movimentos na mente do poeta.

As palavras *scocca, fiotta, rocca, scatta* [espouca, marulha, rochedo, estala], nesse acúmulo de formas *(sk,k,t,e as sibilantes s)* evocam sonoramente atritos que produzem faíscas e têm o sentido de movimentos repentinos, rápidos, saltos, ereções: *il ramarro, se scocca / (...) la vela quando fiotta / (...) e il cronometro se / (...) scatta senza rumore (OC)* [o lagarto, se espouca / (...) a vela quando marulha / (...) e o cronômetro se / (...) estala sem rumor].

Existe uma relação íntima entre esses impulsos sexuais e os vislumbres da criação literária, tal como no seguinte Egloga (OS), *que parece ser fruto de um fervor sexual adolescente. Sua leitura nos põe em contato com o desejo erótico juvenil, que se alterna com estados de tranquilidade:*

Egloga (Égloga)

Perdersi nel bigio ondoso	*Perder-se no cinza ondeado*
dei miei ulivi era buono	*de meus olivos foi bom*
nel tempo andato – loquaci	*em tempos idos – loquazes*
di riottanti uccelli	*de aves altercantes*
e di cantanti rivi.	*e de cantantes rios.*
Come affondava il tallone	*Como afundava o pé*
nel suolo screpolato,	*no solo gretado,*
tra le lamelle d'argento	*entre as lâminas de prata*
dell'esili foglie. Sconnessi	*de delgadas folhas. Desconexos*
nascevano in mente i pensieri	*nasciam na mente os pensamentos*
nell'aria di troppa quiete.	*no ar de muita quietude.*
Ora è finito il cerulo marezzo.	*Ora findou a ondulação celeste.*
Si getta il pino domestico	*Lança-se o pinus doméstico*
a romper la grigiura;	*a quebrar o cinza;*
brucia una toppa di cielo	*queima no céu um retalho*
in alto, un ragnatelo	*no alto, uma aranheira*
si squarcia al passo: si svincola	*se dilacera ao passar: desgarra-se*
d'attorno un'ora fallita.	*à volta uma hora gorada.*
È uscito un rombo di treno,	*Soltou-se um ronco de trem,*
non lunge, ingrossa. Uno sparo	*não longe, engrossa. Um tiro*
si schiaccia nell'etra vetrino.	*se esmaga no ar de vidro.*
Strepita un volo come un acquazzone,	*Estronda um voo como aguaceiro,*

venta e vanisce bruciata	venta e esvai queimada
una bracciata di amara	uma braçada da amarga
tua scorza, istante: discosta	tua casca, instante: ao longe
esplode furibonda una canea.	explode furibunda uma matilha.

Tosto potrà rinascere l'idillio.	Logo poderá renascer o idílio.
S'è ricomposta la fase che pende	Se recompôs a fase que pende
dal cielo, riescono bende	do céu, leves vendas
leggere fuori ...;	saem fora de novo ...;
il fitto dei fagiouli	o cerrado dos feijões
n'è scancellato e involto.	foi apagado e envolto.
Non serve più rapid'ale,	Não mais serve a asa lépida,
né giova proposito baldo;	nem vale o destemido intento;
non durano che le solenni cicale	só duram solenes as cigarras
in questi saturnali del caldo.	nessas saturnais do calor.
Va e viene un istante in un folto	Vai e vem num instante na moita
una parvenza di donna.	um indício de mulher.
È disparsa, non era una Baccante.	Sumiu, não era uma Bacante.

Sul tardi corneggia la luna.	A lua enchifra, ao entardecer.
Ritornavamo daí nostri	Voltávamos de nossas
vagabondari infruttuosi.	infrutiferas errâncias.
Non si leggeva più in faccia	Não se liam mais na cara
al mondo la traccia	do mundo os traços
della frenesia durata	do frenesi que tomou
il pomeriggio. Turbati	a tarde. Vexados
discendevamo tra i vepri.	descíamos entre as sarças.
Nei miei paesi a quell'ora	Na minha terra, àquela hora
cominciano a fischiare le lepri.	começam a silvar as lebres.

Na primeira estrofe, o idílio juvenil é quebrado pela emergência de desejos: *Perdersi nel bigio ondoso / dei miei ulivi era buono / (...) loquaci / di riottanti uccelli / e di cantanti rivi /.* [Perder-se no cinza ondeado / de meus olivos era bom / (...) loquazes / de aves altercantes / e de rios cantantes /.] e de fatos psíquicos novos e fortes: *(...)Sconnessi / nascevano in mente i pensieri / nell'aria di troppa quiete /.* [(...)Desconexos / nasciam na mente os pensamentos / no ar de muita quietude].

Já na segunda estrofe os desejos invadem, cortam, queimam, dilaceram, explodem, junto com a natureza que conspira. As estrias no céu sugerem um efeito óptico de movimento, alusão ao fim do devaneio e da contemplação: *Ora è finito il cerulo marezzo.* [Ora findou a ondulação celeste.].

Vários eventos vão "quebrando" o quadro idílico de antes. Daí: *Si getta il pino domestico / a romper la grigiura / brucia una toppa di cielo / in alto, un ragnatelo / si squarcia al passo: si svincola / (...) / È uscito un rombo di treno, / (...) / Strepita un volo come un acquazzone, / venta e vanisce bruciata / una bracciata di amara / tua scorza, istante: discosta / esplode furibonda una canea* [Lança-se o pinus doméstico / a quebrar o cinza / queima no céu um retalho / no alto, uma aranheira / se dilacera ao passar: desgarra-se / (..) Soltou-se um ronco de trem, (…) / Estronda um voo como aguaceiro, / venta e esvai queimada / uma braçada da amarga / tua casca, instante: ao longe / explode furibunda uma matilha].

Na terceira estrofe o vento recompõe a natureza externa e interna (eu-lírico) e o calor se instala. Realça-se nesta hora de quentura o uso de termos como *cicale, saturnali e baccante* [cigarras, saturnais e bacante] que envolvem a imagem da mulher-fêmea, de sexualidade explícita: *Tosto potrà rinascere l'idillio. / S'è ricomposta la fase che pende / dal cielo, riescono bende / leggere fuori ..; il fitto dei fagiuoli / n'è scancellato*

Imagens Oníricas e Formas Poéticas
Um Estudo da Criatividade

e involto. / Non serve più rapid'ale, / nè giova proposito baldo; [Logo poderá renascer o idílio, / se recompôs a fase que pende / do céu, leves vendas saem fora de novo (...) ; / o cerrado dos feijões / foi apagado e envolto. / Não mais serve a asa lépida, / nem vale o destemido intento;].

non durano che le solenni cicale / in questi saturnali del caldo. / Va e viene, (...) una parvenza di donna [só duram solenes as cigarras / nessas saturnais do calor. / Vai e vem, (...) um indício de mulher]. Ela desapareceu por não ser uma *Baccante* (mulher invadida por frenética paixão).

Na quarta estrofe, o Eros (o desejo) foi frustrado: *vagabondari infruttuosi* [infrutíferas errancias] Não se realizou o desejo ... e já é "tarde": *corneggia la luna* [a lua enchifra] e o frenesi do *pomeriggio* [a tarde] não deixou traço.

O retorno à casa, onde se jantava impreterivelmente às 6 horas da tarde, por imposição do pai do poeta, põe um fim ao frenesi daquele *pomeriggio*.

Estariam as lebres representando o Eros permitido, como o do casal parental?

Perturbados pelo sexo, perdendo o equilíbrio, a inquietação predominando, eles desciam por entre as silvas e: *a quell'ora / cominciano a fischiare le lepri* [Àquela hora / as lebres começam a silvar] é o chamamento dos lebres-machos para as fêmeas.

Em *Casa sul Mare (OS)* os versos da primeira estrofe:

> *Ora i minuti sono eguali e fissi / come i giri di ruota della pompa. / Un giro: un salir d'acqua*

> *che rimbomba. / Un altro, altr'acqua, a tratti un cigolio* [Agora os minutos são iguais e fixos / como os giros de roda de uma bomba. / Um giro: um subir d'água que ribomba. / Um outro, outra água, por vezes, um chiado]

lembram, a representação do ato sexual.

Já em *Crisalide (OS)*, a imagem do desejo sexual é sugerida nos versos:

> *L'albero verdecupo / si stria di giallo tenero e s'ingromma. / (...) / Son vostre queste piante / scarse che si rinnovano / (...) umide e liete. / Per me che vi contemplo da quest'ombra / altro cespo riverdica, e voi siete.* [A árvore verde escura / de amarelo tenro estria-se e se encrosta. / (...) / Vossas são essas plantas / miúdas que se renovam / (...) úmidas e ledas. / Para mim que vos contemplo desta sombra, / outra moita reverdece, e vós sois.]

e mais adiante ocorre uma simulacro de sua consumação:

> *Lunge risuona un grido: ecco precipita / il tempo, spare con risucchi rapidi / tra i sassi, ogni ricordo è spento; ed io / dall'oscuro mio canto mi protendo / a codesto solare avvenimento.* [Longe um grito ressoa: eis precipita / o tempo, desaparece em remoinhos rápidos / entre os seixos, cada lembrança se apaga; e

eu / do obscuro meu canto me protendo / a este solar acontecimento.]

e ainda: *Siete voi la mia preda, che mi offrite / un'ora breve di tremore umano* [Sois vós minha presa, que me dais / uma hora breve de tremor humano].

Em *Delta (OS)*, salta aos olhos um signo da sexualidade representado pela forma triangular da letra grega, e no decorrer do poema completa-se a simulação do ato sexual preparado pelo movimento das estrofes anteriores.

Eros parece-nos, então, presença constante e inquietante em *OS* e *OC*, preso às lembranças do adolescente, em seu impulso sexual, componente instintivo de vida e fonte de criatividade.

Na poesia de Montale, encontramos outras manifestações do Eros: o amor entre homem e mulher, entre pais e filhos, entre irmãos e, até mesmo, formas sublimadas de amor pertencentes à dimensão cultural, social, etc. O próprio impulso ao sacrifício, tão

frequentemente expresso em seus poemas, seria uma das manifestações do que se concebe como amor.

Ettore Bonora [17] define Montale como o poeta da feminilidade (no âmbito dos papéis sexuais do final do século XIX), principalmente por reconhecer na mulher o impulso e o desejo sexual, uma sensibilidade por vezes atormentada e a capacidade de ler mais a fundo os mistérios da vida do que seria possível com a inteligência e a razão. Bonora relembra a emoção que sentiu em seus vinte anos, ao ler Dora Markus, que correspondia a como se imaginava a feminilidade naquela época.

Dora Markus I(OC), o poema que segue, tocara-o por sua turbulência, pela contradição entre uma aparente indiferença e a tempestade dos sentimentos.

La tua irrequietudine mi fa pensare / agli uccelli di passo che urtano ai fari / nelle sere tempestose: / è una tempesta anche la tua dolcezza, / turbina e non appare, / e i suoi riposi sono anche più rari. / Non so come stremata tu resisti / in questo lago / d'indifferenza ch'è il tuo cuore; forse / ti salva un amuleto che tu tieni / vicino alla matita delle labbra, / al piumino, alla lima: un topo bianco, / d'avorio; e così esisti! (OC)

[Tua irrequietude leva-me a pensar / nas aves de passagem que batem nos faróis / nas noites de tormenta: / é uma tormenta também tua doçura, / volteia e não se mostra / e seus repousos são até mais raros. / Não sei como extenuada tu resistes / nesse lago / de indiferença dentro de ti; talvez / te salve um amuleto que tu guardas / junto ao delineador dos lábios, / à borla, à lima: um rato branco, / de marfim; e assim existes!]

Dora Markus (Dora Markus)

I	I
Fu dove il ponte di legno	*Foi onde a ponte de lenho*
mette a Porto Corsini sul mare alto	*dá para em Porto Corsino é no mar alto*
e rari uomini, quasi immoti, affondano	*e poucos homens, quase imóveis, afundam*

o salpano le reti. Con un segno	ou erguem as redes. Com aceno
della mano additavi all'altra sponda	da mão apontavas à outra margem
invisibile la tua pátria vera.	invisível a tua pátria vera.
Poi seguimmo il canale fino alla darsena	Depois seguimos o canal até a bacia do porto
della città, lúcida di fuliggine,	da cidade, luzindo de fuligem,
nella bassura dove s'affondava	numa baixada onde se afundava
una primavera inerte, senza memória.	uma inerte primavera, sem memória.
E qui dove un'antica vita	E aqui onde uma antiga vida
si screzia in una dolce	se matiza numa doce
ansietà d'Oriente,	angustia d'Oriente,
le tue parole iridavano come le scaglie	as tuas palavras irisavam como escamas
della triglia moribonda.	da trilha moribunda.
La tua irrequietudine mi fa pensare	A tua irrequietude leva-me a pensar
agli uccelli di passo che urtano ai fari	nas aves de passagem que batem nos faróis
nelle sere tempestose:	nas noites de tormenta:
è una tempesta anche la tua dolcezza,	é uma tormenta também a tua doçura,
turbina e non appare,	volteia e não se mostra,
e i suoi riposi sono anche più rari.	e seus repousos são até mais raros.
Non so come stremata tu resisti	Não sei como extenuada tu resistes
in questo lago	nesse lago
d'indifferenza ch'è il tuo cuore; forse	de indiferenças dentro de ti; talvez
ti salva un amuleto che tu tieni	te salve um amuleto que tu guardas
vicino alla matita delle labbra,	junto ao delineador dos lábios,
al piumino, alla lima: un topo bianco,	à borla, à lima: um rato branco,
d'avorio; e così esisti!	de marfim; e assim existes!

O tema do pesar, da lástima, do sentir a falta com amargor (rimpianto), nos seus anos de juventude, surgiria, segundo Bonora, do fascínio pela feminilidade. A moça, que ele perdeu, Arletta (18), está presente em *La casa dei Doganieri (OC)*, e em *Incontro (OS)*, o poema a seguir:

Incontro (Encontro)

Tu non m'abbandonare mia tristezza	Não me abandones, tristeza
sulla strada	na estrada
che urta il vento forano	onde o vento forâneo se choca
co' suoi vortici caldi, e spare; cara	com seus vórtices quentes, e some; cara
tristezza al soffio che si estenua: e a questo,	tristeza ao sopro que se esgota: e a este,
sospinta sulla rada	impelida na radura
dove l'ultime voci il giorno esala	onde as últimas vozes o dia exala
viaggia una nebbia, alta si flette un'ala	viaja a neblina, alta dobra-se a asa
di cormorano.	do cormorão.
La foce è allato del torrente, sterile	A foz é ao lado do torrente, estéril
d'acque, vivo di pietre e di calcine;	d'águas, vivo de pedra e de argamassa;
ma più foce di umani atti consunti,	porém mais foz de atos humanos gastos,
d'impallidite vite tramontanti	de vidas esmaecidas que se põem
oltre il confine	além-confim
che a cerchio ci rinchiude: visi emunti,	que em círculo nos fecha: exangues rostos,
mani scarne, cavalli in fila, ruote	magras mãos, fileira de cavalos, rodas
stridule: vite no: vegetazioni	estridentes: vidas não: vegetações
dell'altro mare che sovrasta il flutto.	do outro mar, que sobresta às vagas.
Si va sulla carraia di rappresa	Vai-se pela carreteira de barro
mota senza uno scarto,	batido sem desvios,
simili ad incappati di corteo,	feito um cortejo de encapados,

sotto la volta infranta ch'è discesa
quasi a specchio delle vetrine,
in un'aura che avvolge i nostri passi
fitta e uguaglia i sargassi
umani fluttuanti alle cortine
dei bambù mormoranti.

Se mi lasci anche tu, tristezza, solo
presagio vivo in questo nembo, sembra
che attorno mi si effonda
un ronzio qual di sfere quando un'ora
sta per scoccare;
e cado inerte nell'attesa spenta
di chi non sa temere
su questa proda che ha sorpresa l'onda
lenta, che non appare.

Forse riavrò un aspetto: nella luce
radente un moto mi conduce accanto
a una misera fronda che in un vaso
s'alleva s'una porta di osteria.
A lei tendo la mano, e farsi mia
un'altra vita sento, ingombro d'una
forma che mi fu tolta; e quasi anelli
alle dita non foglie mi si attorcono,
ma capelli.

Poi più nulla. Oh sommersa!: tu dispari
qual sei venuta, e nulla so di te.
La tua vita è ancor tua: tra i guizzi rari
dal giorno sparsa già. Prega per me
allora ch'io discenda altro cammino

sob a abóboda fracta que desceu
se espelhando nas vitrines,
numa aura que envolve nossos passos
densa e equipara os sargaços
humanos que flutuam às cortinas
dos múrmureos bambus.

Se tu também me deixas, ó tristeza,
único presságio vivo neste nimbo, parece
que à minha volta se efunde
um zumbido de esferas, ao bater
da hora;
e caio inerte na inútil espera
de quem temer não sabe,
sobre esta praia que surpreende a onda
lenta, que não se vê.

Talvez volte a ter um aspecto: na luz
rasante um movimento me conduz
a uma mísera planta que num vaso
cresce sobre a porta da taberna.
A ela estendo a mão e tornar-se
minha outra vida sinto, cheio de uma
forma que me foi tirada; e quase anéis
aos dedos não folhas se enrolam,
mas cabelos.

Depois, mais nada. Oh, submersa!: desapareces
tal como vieste e nada sei de ti.
Tua vida é ainda tua: o dia já a mescla
entre meneios. Reza por mim
quando eu descer por outra senda

che una via di città,	*que não a da cidade,*
nell'aria persa, innanzi al brulichio	*no ar perdido, no enxamear*
dei vivi; ch'io ti senta accanto;	*dos vivos, que eu te sinta ao meu lado;*
ch'io	*que eu*
scenda senza viltà.	*desça sem cobardia .*

Vento e *Bandiere (OS)* e *Eastbourne (OC)*: *E vieni / tu pure voce prigioniera, sciolta / anima ch'è smarrita, / voce di sangue, persa e restituita / alla mia sera.* [E vens / tu também voz prisioneira, solta / alma que se perdeu, / voz de sangue, desgarrada e devolvida / / à minha tarde.], também são consagrados à memória "d'Ela" que desaparece, como criatura do crepúsculo, *al primo tocco delle campane* [ao primeiro toque dos sinos] mostra ao poeta, com sua aparição, a ligação entre vivos e mortos e, ao desaparecer, deixa-o perdido na cegueira que aflige os homens, na maior parte do tempo. Arletta, inspirou ao poeta um sentimento de memória desesperada, de perda e saudade.

Em Punta del Mesco há o retorno ao lugar da infância, perdida e reencontrada num instante de graça: (...) *ritornano i tuoi rari / gesti e il viso che aggiorna al davanzale, - /* [(...) retornam os teus raros / gestos e o rosto que amanhece na sacada, -], com a visão de Arletta. Vejamos o poema:

Punta del Mesco (Ponta do Mesco)

Nel cielo della cava rigato	*No céu da pedreira riscado*
all'alba dal volo dritto delle pernici	*de manhã pelo voo reto das perdizes*
il fumo delle mine s'inteneriva,	*o fumo das minas abrandava,*
saliva lento le pendici a piombo.	*das encostas a prumo subia lento.*

Dal rostro del palabotto si capovolsero   *Do rostro do batel emborcavam-se*
le ondine trombettiere silenziose   *ondinas trombeteiras silenciosas*
e affondarono rapide tra le spume   *e lestas afundaram entre espumas*
che il tuo passo sfiorava.   *que teu passo roçava.*

Vedo il sentiero che percorsi un giorno   *Vejo o caminho percorrido um dia*
come un cane inquieto; lambe il fiotto,   *como um cão inquieto; lambe a onda,*
s'inerpica tra i massi e rado strame   *escala as rochas e a rala forragem*
a tratti lo scancella. E tutto è uguale.   *por vezes o disfarça. E tudo é igual.*
Nella ghiaia bagnata s'arrovella   *No cascalho molhado se enfurece*
un'eco degli scrosci. Umido brilla   *um eco do aguaceiro. Úmido brilha*
il sole sulle membra affaticate   *o sol no corpo afadigado*
dei curvi spaccapietre che martellano.   *dos curvos rachadores que martelam.*

Polene che risalgono e mi portano   *Florões que remontam e me trazem*
qualche cosa di te. Un tràpano incide   *alguma coisa de ti. Uma broca incide*
il cuore sulla roccia – schianta attorno   *o coração na rocha – estala em volta*
più forte un rombo. Brancolo nel fumo,   *um estrondo. Às cegas ando no fumo,*
ma rivedo: ritornano i tuoi rari   *mas revejo: retornam os teus raros*
gesti e il viso che aggiorna al   *gestos e o rosto que amanhece na*
davanzale, -   *sacada, -*
mi torna la tua infanzia dilaniata   *volta-me tua infância destroçada*
dagli spari!   *pelos disparos!*

Em OS ainda temos a "mulher esplêndida" que tinha sido a atriz Paola Nicoli (19), destinatária de *Casa sul Mare (OS)* e *Crisalide (OS)* (segundo o próprio Montale) além de *In Limine (OS)* e desse *Tentava la vostra mano la tastiera (OS)*:

Tentava la vostra mano la tastiera (Tentava a vossa mão o teclado)

Tentava la vostra mano la tastiera,
i vostri occhi leggevano sul foglio
gl'impossibili segni; e franto era
ogni accordo come una voce di cordoglio.

Tentava a vossa mão o teclado
e vossos olhos liam na partitura
os impossíveis signos; e fracto era
cada acorde como uma voz de aflição.

Compresi che tutto, intorno, s'inteneriva
in vedervi inceppata inerme ignara
del linguaggio più vostro: ne bruiva
oltre i vetri socchiusi la marina chiara.

Compreendi que tudo, em volta, se enternecia
ao ver-vos entravada inerme ignara
da voz mais vossa: tamborilava
além das frestas dos vidros a marina clara.

Passò nel riquadro azzurro una fugace danza
di farfalle; una fronda si scrollò nel sole.
Nessuna cosa prossima trovava le sue parole,
ed era mia, era nostra, la vostra dolce
ignoranza.

Passou no recorte azul uma dança fugaz
de borboletas; uma fronde abanando ao sol.
Nada próximo encontrava sua palavra,
e era minha, era nossa, vossa doce
ignorância.

Bonora não encontra descrição ou indício da beleza fascinante da mulher em *Crisalide (OS)*, a não ser pelos olhos penetrantes: *(...) questo lento / giro d'occhi che ormai sanno vedere* [(...) este lento / girar de olhos que já sabem ver].

O amor em *Crisalide* e *Casa Sul Mare* é feito de sonhos, de confissões sofridas que adquirem um matiz de renúncia, para que a mulher possa se livrar da condenação por não ter reconhecido um objetivo e uma finalidade na própria vida.

Anos mais tarde, dramático e sentido como razão da própria existência foi o amor pela bela peruana Paola Nicoli, nascida em Gênova, presente nos primeiros dos vinte *mottetti*, que constituem a segunda parte de *Le Occasioni* e destes selecionamos os dois a seguir:

Lo sai: debbo riperderti e non posso
(Sabes: de novo vou perder-te sem poder)

Lo sai: debbo riperderti e non posso.	Sabes: de novo vou perder-te sem poder.
Come un tiro aggiustato mi sommuove	Como um tiro ajustado me revolve
ogni opera, ogni grido e anche lo spiro	cada obra, grito e também o sopro
salino che straripa	salino que transborda
dai moli e fa l'oscura primavera	dos molhes e faz a escura primavera
di Sottoripa.	de Sottoripa.
Paese di ferrame e alberature	País de mastreações e de ferragens
a selva nella polvere del vespro.	em selva na poeira das vésperas.
Un ronzìo lungo viene dall'aperto,	Um longo zumbido vem de fora,
strazia com'unghia ai vetri. Cerco il segno	arranha – unha nos vidros. Busco o signo
smarrito, il pegno solo ch'ebbi in grazia	perdido, o penhor que tu
da te.	me deste.
E l'inferno è certo.	E o inferno é certo.

Brina sui vetri (Geada nos vidros)

Brina sui vetri; uniti	Geada nos vidros; juntos
sempre e sempre in disparte	sempre e sempre à parte
gl'infermi; e sopra i tavoli	os enfermos; e às mesas
i lunghi soliloqui sulle carte.	os longos solilóquios sobre as cartas.
Fu il tuo esilio. Ripenso	Foi o teu exílio. Repenso
anche al mio, alla mattina	o meu também, de manhãzinha
quando udii tra gli scogli crepitare	quando ouvi entre os escolhos crepitar
la bomba ballerina.	a bomba bailarina.
E durarono a lungo i notturni giuochi	E duraram muito tempo os noturnos jogos
di Bengala: come in una festa.	de Bengala: como numa festa.

È scorsa un'ala rude, t'ha sfiorato le mani,	*Adejou uma asa rude, roçou tuas mãos,*
ma invano: la tua carta non è questa.	*mas em vão: tua carta não é esta.*

Ainda para a peruana Montale escreveu *Sotto la pioggia (OC)*, e em alguns destes versos declarou o acordo total com a vida, conseguido através do amor. Nestas líricas o poeta declara o objeto de uma paixão desesperada, a violência do desejo e o regozijo da posse. Vejamos:

Sotto la pioggia (Sob a chuva)

Un murmure; e la tua casa s'appanna	*Um murmúrio; e tua casa se embaça*
come nella bruma del ricordo –	*como na bruma da lembrança –*
e lacrima la palma ora che sordo	*verte lágrimas a palma ora que surdo*
preme il disfacimento che ritiene	*preme o desfazimento que retém*
nell afa delle serre anche le nude	*no abafado das estufas mesmo as nuas*
speranze ed il pensiero che rimorde.	*esperanças e o pensamento que remorde.*
'Por amor de la fiebre' ... mi conduce	*'Por amor de la fiebre' ... conduz-me*
un vortice con te. Raggia vermiglia	*um vórtice contigo. Raia vermelha*
una tenda, una finestra si rinchiude.	*uma tenda, uma janela se fecha.*
Sulla rampa materna ora cammina,	*Sobre a rampa materna ora caminha,*
guscio d'uovo che va tra la fanghiglia,	*casca de ovo que vai por entre a lama,*
poca vita tra sbatter d'ombra e luce.	*pouca vida entre o bater de sombra e luz.*
Strideva Adiós muchachos, compañeros	*Chiava Adiós muchachos, compañeros*
de mi vida, il tuo disco dalla corte:	*de mi vida, o teu disco do quintal:*
e m'è cara la maschera se ancora	*e me é cara a máscara se ainda*
di là dal mulinello della sorte	*além do remoinho do destino*
mi rimane il sobbalzo che riporta	*me sobra o solavanco que me leva*
al tuo sentiero.	*a teu caminho.*

Seguo i lucidi strosci in fondo, a nembi,	*Sigo as lúcidas bátegas, em nimbos,*
il fumo strascicato d'una nave.	*a fumaça arrastada de um navio.*
Si punteggia uno squarcio	*Ponteia-se um rasgo ...*
Per te intendo	*Por ti entendo*
ciò che osa la cicogna quando alzato	*o que ousa a cegonha quando alçado*
il volo dalla cuspide nebbiosa	*o voo da cúspide brumosa*
rèmiga verso la Città del Capo.	*bate as asas rumo a Cape Town.*

"I Mottetti", dedicados a Clizia (20), têm como tema fundamental a distância da mulher amada e a nostalgia: e os poemas surgem pela descoberta de um indício, de um milagroso reaparecimento da ausente ou do agudizar-se do desejo por ela que está longe.

O desejo pela amante ausente se expressa de diferentes maneiras. Vejam-se *Perchè tardi? (OC)* e *Non recidere, forbice quel volto (OC)*:

Perche tardi (Por que tardas??)

Perchè tardi? Nel pino lo scoiattolo	*Por que tardas? No pinho o esquilo*
batte la coda a torcia sulla scorza.	*bate a cauda-tocha na cortiça.*
La mezzaluna scende col suo picco	*A meia-lua desce com seu pico*
nel sole che la smorza. È giorno fatto.	*no sol que a apaga. É pleno dia.*
A un soffio il pigro fumo trasalisce,	*A um sopro o mole fumo sobressalta,*
si difende nel punto che ti chiude.	*defende-se no ponto que te encerra.*
Nulla finisce, o tutto, se tu fòlgore	*Nada termina, ou tudo, se tu fulguração*
lasci la nube.	*deixas a nuvem.*

Non recidere, forbice, quel volto (Não cortes, tesoura, aquele vulto)

Non recidere, forbice, quel volto,
solo nella memoria che si sfolla,
non far del grande suo viso in ascolto
la mia nebbia di sempre.

Un freddo cala ... Duro il colpo svetta.
E l'acacia ferita da sé scrolla
il guscio di cicala
nella prima belletta di Novembre.

Não corte, tesoura, aquele vulto,
sozinho na memória desbastada,
não faça de seu grande rosto à escuta
minha neblina de sempre.

Um frio invade... Duro o golpe poda.
E a acácia ferida de si arranca
a casca da cigarra
no primeiro lodo de novembro.

Clizia assume, no final de *OC*, o semblante angelical e o poeta atribui a ela a lucidez para perceber os erros e o mal iminente possível (alusão ao contexto histórico-político da Segunda Guerra Mundial). A ela é dada a tarefa de dissipar os fanatismos e vencer as superstições.

Em suma, a mulher, na poética de Montale, é portadora de altos ideais: ela perde em doçura, mas ganha em firmeza e em coragem.

Glauco Cambom [21], comenta, a esse respeito, que Montale soube dar ao amor uma das vozes mais intensas de nosso tempo. A identidade da mulher parece ser secundária e o que conta é a qualidade de ternura e seus traços espirituais.

io non so se il tuo passo che fa pulsar le vene / (...) / è quello che mi colse un'altra estate / (...) / io non so se la mano che mi sfiora la spalla / è la stessa che un tempo / sulla celesta rispondeva a gemiti / d'altri nidi, da un folto ormai bruciato. [eu não sei se teu passo que faz pulsar as veias / (...) / é aquele que me alcançou n'outro verão / (...) / eu não sei se a mão que me roça os ombros / é a mesma que outrora / sobre a celesta respondia a gemidos /de outros ninhos, de um bosque já combusto.] em *L'orto (B)*.

L´orto (A horta)

Io non so, messaggera	*Eu não sei, mensageira*
che scendi, prediletta	*que desces, predileta*
del mio Dio (del tuo forse), se nel chiuso	*de meu Deus (talvez do teu) se no cerrado*
dei meli lazzeruoli ove si lagnano	*das acerolas onde nos ninhos as aves*
i luì nidaci, estenuanti a sera,	*se lamentam, extenuantes à tarde,*
io non so se nell'orto	*eu não sei se na horta*
dove le ghiande piovono e oltre il muro	*onde chovem as landes e além-muro*
si sfioccano, aerine, le ghirlande	*desfiam-se, aéreas, as guirlandas*
dei carpini che accennano	*dos bordos acenando*
lo spumoso confine dei marosi, una vela	*ao espumoso confim das vagas, uma vela*
tra corone di scogli	*entre coroas de escolhos*
sommersi e nerocupi o più lucenti	*submersos ou negros ou mais vívidos*
della prima stella che trapela –	*da primeira estrela que transluz –*
io non so se il tuo piede	*eu não sei se teu pé*
attutito, il cieco incubo onde cresco	*abafado, o cego íncubo onde cresço*
alla morte dal giorno che ti vidi	*à morte desde o dia que te vi,*
io non so se il tuo passo che fa pulsar	*eu não sei se teu passo que faz pulsar*
le vene	*as veias*
se s'avvicina in questo intrico,	*se se aproxima desse enredo,*
è quello che mi colse un 'altra estate	*é aquele que me alcançou no outro verão*
prima che una folata	*antes que uma rajada*
radente contro il picco irto del Mesco	*rasante contra o pico hirto do Mesco*
infrangesse il mio specchio, -	*espedaçasse meu espelho, -*
io non so se la mano che mi sfiora la spalla	*eu não sei se a mão que me roça os ombros*
è la stessa che un tempo	*é a mesma que outrora*
sulla celesta rispondeva a gemiti	*sobre a celesta respondia a gemidos*
d'altri nidi, da un folto ormai bruciato.	*de outros ninhos, de um bosque já combusto.*

L'ora della tortura e dei lamenti	*A hora da tortura e dos lamentos*
che s'abbatté sul mondo,	*que se abateu sobre a terra,*
l'ora che tu leggevi chiara come in un libro	*a hora em que lias clara como em livro*
figgendo il duro sguardo di cristallo	*fincando a dura mirada de cristal*
bene in fondo, là dove acri tendine	*bem no fundo, lá onde acres cortinas*
di fuliggine alzandosi su lampi	*de fuligem alçando-se nos raios*
di officine celavano alla vista	*das oficinas vedavam à vista*
l'opera di Vulcano,	*a obra de Vulcão,*
il dì dell'Ira che più volte il gallo	*o dia da Ira que frequente o galo*
annunciò agli spergiuri,	*anunciou aos perjuros,*
non ti divise, anima indivisa,	*não te apartou, alma individida,*
dal supplizio inumano, non ti fuse	*do suplício inumano e não fundiu-te*
nella caldana, cuore d'ametista.	*na onda candente, coração de ametista.*
O labbri muti, aridi dal lungo	*Ó lábios mudos, áridos da longa*
viaggio per il sentiero fatto d'aria	*viagem pela vereda feita de ar*
che vi sostenne, o membra che distinguo	*que vos susteve, ó membros que distingo*
a stento dalle mie, o diti che smorzano	*a custo dos meus, ó dedos que amortecem*
la sete dei morenti e i vivi infocano,	*a sede dos que morrem e os vivos queimam,*
o intento che hai creato fuor della tua misura	*ó intento que criaste fora de tua medida*
le sfere del quadrante e che ti espandi	*as esferas do quadrante e que te expandes*
in tempo d'uomo, in spazio d'uomo,	*em tempo humano, espaço humano,*
in furie	*em fúrias*
di dèmoni incarnati, in fronti d'angiole	*de demônios encarnados, em frentes d'anjos*
precipitate a volo ... Se la forza	*em voo precipitados ... Se a força*
che guida il disco di già inciso fosse	*que faz girar o disco já gravado outra*
un'altra, certo il tuo destino al mio	*fosse, certo o teu destino ao meu*
congiunto mostrerebbe un solco solo.	*ligado mostraria um único sulco.*

Imagens Oníricas e Formas Poéticas
Um Estudo da Criatividade

Nós pensamos que para Montale, a mulher assume principalmente a função de interlocutora, parte de seu "Eu", com quem ele mantém um diálogo constante na busca do que encontra em sua criação poética.

Em 2007 nossa pesquisa levou-nos a conhecer, por intermédio do prof. Cataldi da Universidade de Siena, a Prof.ª Giusi Baldissone, estudiosa de Montale, da Universidade do Piemonte Orientale.

No que diz respeito a este tópico (Eros), seu livro "Le muse di Montale" nos oferece uma contribuição que expande a visão da mulher e do Eros em Montale.

Ela inicia seu texto afirmando que para Eugenio Montale, as mulheres são figuras da fantasia poética e seus "senhal" não apenas as representam, mas as constituem por inteiro. De fato, em *Montale commenta Montale*, Montale responde por carta (12/fev/1966, p.50) a Silvio Guarnieri: *"La mia poesia non é vera, non é vissuta, non é autobiografica; non serve a nulla identificare questa o quella donna perchè nelle mie cose il tu é instituzionale (...) Si tratta di esperienze che vengono da tutte le parti della mia vita e spesso sono inventate"*. "Minha poesia não é autobiográfica, não serve para nada identificar esta ou aquela mulher porque para mim o 'tu' é institucional (...) Trata-se de experiências que vêm de todas as partes de minha vida e frequentemente são inventadas" (tn).

Se para muitos poetas as mulheres são musas, para Montale as "musas de sua fantasia" são encarnadas em mulheres. Segundo G. Baldissone a busca da "mulher de sua fantasia" percorre toda a existência de Montale e toda a sua escrita. E cada figura feminina em sua poesia, é a figura de uma ausente.

Ainda segundo Baldissone, as mulheres de Montale podem ser agrupadas em três tipologias: a mulher superior (o anjo *stilnovistico*), a mulher monstruosa (a barbuda) e a mulher cúmplice, irmã. E o que une estes três grupos é uma modalidade de representação, observa Baldissone, quase uma estrutura que contém os mesmos elementos: os olhos, a testa, os cabelos, os objetos que as representam como fetiches (brincos, o ratinho de marfim como em Dora Markus), os gestos: "Ripenso il tuo sorriso" (OS), "Mia vita, a te non chiedo lineamenti" (OS), "Il passo... si lieve" (Mottetti).

E mesmo quando a figura feminina não é bela e sim monstruosa e barbuda, continua a se manifestar com os mesmos elementos, afirma Baldissone: olhos que mandam lampejos, cabelos que escondem a testa, gestos como na "Elegia de Pico Fornese".

O conto "La donna barbuta" e o poema "Quel che resta (se resta) in: "Quaderno di quattro anni" correspondem à doméstica Mª Bordigoni que teve um papel importante na formação afetiva do poeta. Representa uma figura primitiva, um objeto mágico e protetor, um anjo protetor que segundo o poeta pode *vincere l'orrore della solitudine* (vencer o horror da solidão).

Quel che resta se resta   *O que resta se resta*

La vecchia serva analfabeta	*A velha serva analfabeta*
E barbuta chissà dov'è sepolta	*e barbuda, onde estará enterrada*
poteva leggere il mio nome e il suo	*podia ler meu nome e o dela*
come ideogrammi	*como ideogramas*
forse non poteva riconoscersi	*talvez não se reconheceria*
neppure allo specchio	*nem num espelho*
ma non mi perdeva d'occhio	*mas não me perdia de vista*
della vita non sapendone nulla	*da vida sem saber nada*
ne sapeva più di noi	*sabia mais do que nós*
nella vita quello che si acquista	*na vida o que se obtém*
da una parte si perde dall'altra	*de um lado se perde do outro*

chissà perché la ricordo	*porque será que a recordo*
più di tutto e di tutti	*mais de tudo e de todos*
se entrasse ora nella mia stanza	*se entrasse agora no meu quarto*
avrebbe centotrent'anni	*teria cento e trinta anos*
e griderei di spavento.	*e eu gritaria de susto.*

O terceiro tipo feminino é a mulher companheira, cúmplice, a mulher-irmã – (Mariana e Mosca). Mosca não é bela, tem dotes físicos modestos que o poeta sente semelhantes aos dele, mas é investida por ele de uma superioridade que nasce da dependência do poeta e não de uma superioridade intrínseca à figura de Mosca. Ela lhe dá coragem diante de

"*(...) eventi / di una realtà incredibile e mai creduta. / Di fronte ad essi il mio coraggio fu il primo / dei tuoi prestiti e forse non l'hai saputo*" (Xenia II, 5) [(...)eventos de uma realidade incrível e nunca acreditada/ diante deles minha coragem foi o primeiro/ dos teus préstimos e quem sabe não o souberás/] e também "*(...) perche sapevo che di noi due / le sole vere pupille, sebbene tanto offuscate / erano le tue*" [(...) e também por que sabia que de nós dois/ as únicas pupilas verdadeiras/ embora tão ofuscadas/ eram as tuar] Xenia II, 5.

Xenia II (Xenia II)

Ho sceso, dandoti il braccio,	*Desci, dando-te o braço, ao menos*
almeno un milione di scale	*um milhão de escadas*
e ora che non ci sei è il vuoto	*e agora que não estás vazio*
a ogni gradino.	*é cada degrau.*
Anche così è stato breve il nostro	*Mesmo assim foi curta nossa*

lungo viaggio.	*longa viagem.*
Il mio dura tuttora, né più	*A minha ainda dura, nem mais careço*
mi occorrono	*das coincidências, das reservas,*
le coincidenze, le prenotazioni,	*das armadilhas, dos desaforos*
le trappole, gli scorni di chi crede	*de quem crê*
che la realtà sia quella che si vede.	*que realidade seja aquela que se vê.*
Ho sceso milioni di scale dandoti	*Desci milhões de escadas te*
Il braccio	*dando o braço*
non già perchè con quattr'occhi	*não porque quatro olhos*
forse si vede di più.	*enxergam mais.*
Con te le ho scese perchè sapevo	*Desci contigo pois sabia que*
che di noi due	*de nós dois*
le sole vere pupille, sebbene tanto	*as únicas pupilas verdadeiras, embora*
offuscate, erano le tue.	*tão ofuscadas, eram as tuas*

Baldissone conclui "A cumplicidade fraterna desta figura dá segurança, pois sua superioridade não é do outro mundo, não é inalcançável e seu rol funde um certo equilíbrio no poeta que com a perda de Mosca o faz ter um sentido de inutilidade, de cegueira, de incapacidade".

Capitulo VIII

Evolução do Modelo de Mente na Poética de Montale

Com sua proposta de um Modelo Literário de Mente, Meg H. Williams e Margot Waddel focalizaram (22), em autores clássicos da literatura inglesa (Shakespeare, Milton, Blake, Coleridge, Keats), a dicotomia entre a crença na onipotência primitiva do funcionamento da mente e a aprendizagem pela experiência emocional. Esta diz respeito a um funcionamento que parte da emoção e encontra significados (símbolos) gerados pelos objetos internos, segundo o modelo psicanalítico de mente de Bion e Meltzer. No modelo literário das autoras citadas a criação é metaforicamente atribuída à musa, às "divindades", como faziam os poetas da mais remota antiguidade.

Vamos conferir como Montale aborda o conhecimento, como o transforma, graças à intermediação da divindade (musa, "eu transcendental"), em material para a sua criação poética e vamos comparar seu modelo de mente ao proposto pelas estudiosas britânicas, procurando possíveis pontos de contato.

Montale fala em eu-transcendental como sendo a instância que cria, uma luz que nos leva a uma condição além de nós mesmos ("La solitudine dell'artista", 1952. Para Keats (24), o modelo de pensamento criativo consiste em "sermos assimilados ao mundo do objeto estético" e daí devolvidos a um Eu que sofre uma mudança, expandindo suas fronteiras. Keats considera o sentido da beleza como provindo de uma variedade de sensações complexas (dor, cegueira, feiura etc.). Para ele, a beleza essencial é a verdade. A expansão da mente (o fazer-

-a-alma) vem de um processo de metabolização de obstáculos emocionais que Keats descreve por metáforas (tornar etéreo, alquimizar, digerir). Aprender por meio da experiência emocional é o caminho para o conhecimento.

O poeta Montale sente-se aprisionado por muros e redes e acredita que é isso que o impede de conhecer, de alcançar verdades.

O conhecer, em *OS*, depende principalmente de "estar diante de objetos concretos" e de registrá-los sensorialmente. Tal atitude predomina nessa coletânea e o poeta serve-se da paisagem terrestre para expressar seu próprio enclausuramento e o sentimento de aridez de sua mente. Embora, ainda, em *OS* existam momentos em que o conhecer reside na possibilidade de imaginar, é em *OC* que sua imaginação como modo de conhecer o objeto se torna manifesto. No poema *I Limoni*, a "abertura" significa desvendar o objeto, mediante a intrusão, para conhecê-lo: *l'anello che non tiene, / il filo da disbrogliare che finalmente ci metta / nel mezzo di una verità.* [o elo que não segura, / o fio a desembaraçar que finalmente nos ponha / no meio de uma verdade.]

O conhecimento do objeto, segundo a vertente escolhida da Psicanálise Contemporânea, dá-se não por intrusão dentro do objeto, mas sim por sua incorporação (internalização), o que permite conhecê-lo graças a um trabalho imaginativo (função alfa).

Nos poemas de *OS* o poeta se debate para se libertar, ao mesmo tempo em que tem medo de desprender-se de suas raízes, como em *L'agave su lo scoglio (OS)* (p.texto), em que seu tormento personifica-se numa planta:

> *ora son io / l'agave che s'abbarbica al crepaccio*
> */ dello scoglio / e sfugge al mare da le braccia*

> *d'alghe* [sou eu agora / a agave que se agarra à greta / do escolho / e foge do mar de braços d'algas].

Em *Crisalide (OS)* manifesta-se seu desalento diante da impossibilidade de se libertar:

> *e noi andremo innanzi senza smuovere/ un sasso solo della gran muraglia; / e forse tutto è fisso, tutto è scritto, / e non vedremo sorgere per via / la libertà, il miracolo, / il fatto che non era necessario!* [e adiante iremos sem um único seixo / deslocar do grande muro; / quem sabe tudo é fixado, tudo é escrito, / e não veremos surgir pela estrada / a liberdade, o milagre, / o fato que não era necessário!].

Sair da inconsciência e ir para o conhecimento é um trajeto com idas, que avançam entre penumbras aterradoras, e retornos, que constituem um tormento. Seguindo a metáfora de Keats – que compara a vida humana a uma grande casa, com muitas habitações, só duas das quais podem ser descritas, porque as portas das outras estão ainda fechadas – o eu lírico de Montale se debate para se libertar e busca uma "abertura na rede", uma passagem (*varco*) para fugir da prisão, parecendo descrever o nascimento do pensar, do conhecer, por um movimento rumo ao desconhecido, para um novo tempo e um novo espaço – metáforas de expansão da condição psíquica do conhecer e do vir-a-ser.

A libertação, o milagre desejado leva o poeta a um segundo nível de funcionamento mental, em que o conhecimento e o pensamento são obtidos mediante uma "ocasião", um instante privilegiado. A revelação nem sempre tem sentido positivo, às vezes, tem aspectos mais aterradores que gratificantes:

> (...) / rivolgendomi, vedrò compirsi il miracolo: / il nulla alle mie spalle, il vuoto dietro / di me, con un terrore ubriaco [(...) / volvendo verei cumprir-se o milagre: / o nada às minhas costas, o vazio atrás / de mim, com um terror de bêbado.] *Forse un mattino andando (OS)*.

Entrar neste segundo nível de funcionamento não é só atraente, como também angustiante, pela escuridão e pela névoa:

> *Ci muoviamo in un pulviscolo / madreperlaceo che vibra / in un barbaglio che invischia / gli occhi e un poco ci sfibra.* [Nos movemos numa poeira / de madrepérola que vibra / num deslumbre que confunde / os olhos e um pouco nos estafa] *Non rifugiarti nell'ombra (OS)*.

Como continuar o caminho nesta condição, sem referenciais externos?

Os versos que seguem são uma bela metáfora para indicar uma etapa mais avançada do funcionamento mental, que utiliza a imaginação para conhecer, servindo-se dos objetos internos, na ausência dos objetos concretos externos (o sensório): *La vita che dà barlumi è quella che sola tu scorgi* [A vida que dá vislumbres / é aquela que só tu avistas.] *Il Balcone (OC)*:

Il balcone (O balcão)

Pareva facile giuoco	*Parecia fácil jogo*
mutare in nulla lo spazio	*mudar em nada o espaço*
che m'era aperto, in un tedio	*que havia aberto, em um tédio*
malcerto il certo tuo fuoco.	*incerto o certo teu fogo.*
Ora a quel vuoto ho congiunto	*Àquele vácuo juntei*
ogni mio tardo motivo,	*cada meu tardo motivo,*
sull'arduo nulla si spunta	*no árduo nada desfaz-se*
l'ansia di attenderti vivo.	*a ânsia de esperar-te vivo.*
La vita che dà barlumi	*A vida que dá vislumbres*
è quella che sola tu scorgi.	*é aquela que só tu avistas.*
A lei ti sporgi da questa	*A ela te inclinas desta*
finestra che non s'illumina.	*janela que não se ilumina.*

Segundo Meg e Margot, Coleridge diferenciava claramente dois modos de aprendizado: o imitativo (ou mecânico) e o orgânico (imaginativo), em virtude do qual o conhecimento constitui "o ser" da mente e contribui para o seu crescimento. O interesse de Coleridge estava dirigido ao modo como a mente obtém os "princípios" e não as informações, a "identidade interna" e não os sinais externos do status social. Para ele, o verdadeiro pensar é produto da imaginação e de um modo de ser (de vir a ser), que consiste na ideia de crescimento mental.

Entendemos que Coleridge buscava os conceitos, os significados ("os princípios", nas palavras dele) do conhecimento que se torna real pelo autoconhecimento, sendo este um fundamento do modelo de mente para ele. Voltando a Montale, seus versos falam de uma ausência do objeto concreto, sensorial, ausência essa transformada em alucinação como em: *trema un ricordo nel ricolmo secchio / nel puro cerchio un'immagine ride* [Treme um vislumbre no repleto balde, / no puro circulo uma imagem ri.]. *Cigola la carrucola del pozzo (OS)*.

A crítica aponta para a frequência com que o movimento narrativo contrapõe um sujeito não-humano, presente, *ricolmo secchio* [repleto balde], a um objeto humano ausente. Montale mostra também uma visitação prenunciada por indícios e sinais: *Tutto ignoro di te fuor del messaggio / muto che mi sostenta sulla via* [Tudo ignoro de ti fora a mensagem / muda que me mantém no caminho:] *Delta (OS)*.

Desencarnar-se dos objetos concretos, externos, viver sua ausência e internalizá-los, reencontrando-os dentro de seu mundo interno, é seu processo contínuo que passa pela expectativa de um encontro, por alucinações sensoriais e por memórias, como em *Incontro (OS): A lei tendo la mano, e farsi mia / un'altra vita sento, ingombro di una forma che mi fu tolta; e quase anelli / alle dita non foglie mi si attorciono / ma capelli / (...) / tu dispari qual sei venuta e nulla sò di te. / La tua vita é ancor tua / (...) /* [A ela estendo a mão e tornar-se / minha outra vida sinto, cheia de uma forma / que me foi tirada; e quase anéis / aos dedos não folhas se enrolam / mas cabelos. / (...) / desapareces / tal como vieste, e nada sei de ti. / Tua vida é ainda tua: / (...)].

Ao admitir a perda e sofrê-la, ele consegue seguir adiante, descendo do alto de sua idealização, e harmonizar-se com a vida, tendo ele a Musa poética (Tu) ao seu lado.

A divindade constitui uma espécie de intermediação, um instrumento de transformação do conhecimento em poesia.

A vertente inglesa da psicanálise contemporânea que consideramos situa a divindade – que corresponde aos objetos internos da realidade psíquica – no interior do indivíduo. A partir desse ponto, D. Meltzer conceitua a origem da criatividade. Montale, a seu modo, ao falar do eu-transcendental, agente de criação, também reconhece haver uma parte em sua mente, separada de sua consciência, à qual não tem acesso, e que é passível de "súbitas iluminações", da musa.

Em *OS*, a divindade está na vida, na natureza e talvez num duplo do homem, não bem revelado:

> *Sono i silenzi in cui si vede / in ogni ombra umana che si allontana / qualche disturbata Divinità* [São os silêncios em que se vê / em cada sombra humana que se afasta / alguma perturbada Divindade.]
>
> *I Limoni(OS)*.
>
> *Ciò che di me sapeste / non fu che la scialbatura: / la tonaca che riveste la nostra umana ventura / (...) / Se un'ombra scorgete, non è un'ombra – ma quella io sono. / Potessi spiccarla da me, / offrirvela in dono* [O que de mim soubestes / não foi mais que a aparência: / a túnica que reveste nossa humana ventura / (...) / Se uma sombra avistares, não é uma sombra – mas aquela eu sou. / Pudesse destacá-la de mim / oferecê-la como dádiva].
>
> *Ciò che di me sapeste(OS)*.

Em *OC* encontramos a figura feminina que dá suporte ao "Tu", e que permite um diálogo que, na verdade acontece com uma parte do

"Eu" não revelada, não admitida pelo poeta. É o que entendemos ao ler o poema *Il Tu* em que *l'uccello* [o pássaro] não sabe se é ele mesmo ou algum de seus muitos duplos:

Il Tu (O Tu)

I critici ripetono,	*Os críticos repetem,*
da me depistati,	*por mim despistados*
che il mio tu é un istituto.	*que meu tu é um instituto.*
Senza questa mia colpa avrebbero saputo	*Sem esta minha culpa teriam sabido*
che in me i tanti sono uno anche se appaiono	*que em mim os tantos são um mesmo se aparecem*
moltiplicati dagli specchi. Il male	*dobrados pelos espelhos. O mal*
è che l'uccello preso nel paretaio	*é que o pássaro preso na armadilha*
non sa se lui sia lui o uno dei troppi	*não sabe se ele é ele ou um dos muitos*
suoi duplicati.	*seus duplicados.*

Encontramos nestes últimos versos um dilema que já surgira em *Casa dei Doganieri (OS)*: *Il varco è qui? / (...) / Tu non ricordi la casa di questa / mia sera. Ed io non sò chi và e chi resta* [O valo é aquí? / (...) / Tu não recordas a casa desta / minha tarde. E eu não sei quem vai e quem fica], em que há o impasse de procurar-se no outro, e de reconhecer-se em sua lembrança: *Tu non ricordi; altro tempo frastorna / la tua memoria; un filo s'addipana* [Tu não recordas; outro tempo transtorna / a tua memória; um fio se encaracola].

Lorenzo Renzi, num salto interpretativo do poema *Vento sulla Mezzaluna (B)* associa a busca da mulher à procura de uma divindade.

Perguntar "Onde está Deus?" equivaleria a perguntar "Onde está a mulher?", como demonstra Renzi em seu ensaio. Lembra-nos Renzi que no conto de Montale *Sosta a Edimburgo* (*FD*, 1956) surgem alguns indícios que poderiam explicar a aproximação entre Deus e a mulher. No conto, o poeta é atraído por uma escrita de uma igreja: *God is not where...* e, que traz uma lista de todos os lugares onde a vida se apresenta fácil, agradável e humana, mas sem a presença de Deus. O poeta pergunta aos transeuntes que se aglomeram: "Mas, então, onde Deus está?". E surge uma discussão que envolve diversas pessoas.

Os elementos do conto são os mesmos do poema, mas, no conto, Montale não sabe onde está Deus e no poema ele parece sabê-lo: *L'uomo che predicava sul Crescente mi chiese Sai dov'è Dio? Lo sapevo e glielo dissi. Scosse il capo. Sparve nel turbine che prese uomini e case e li sollevò in alto, sulla pece.* [O homem que pregava no Crescente / pediu "Sabes onde está Deus?". Sabia-o e lhe disse. Sacudiu a cabeça. Sumiu / no vórtex que tomou homens e casas / e os levantou no alto, sobre o piche.].

Vento sulla mezzaluna (*Vento sobre a meialua*)

Il grande ponte non portava a te.	*A grande ponte não levava a ti.*
T'avrei raggiunta anche navigando	*Te alcançaria mesmo navegando*
nelle chiaviche, a un tuo comando. Ma	*até no esgoto, a um teu mando. Mas*
già le forze, col sole sui cristalli	*já as forças, com o sol sobre os vidros*
delle verande, andavano stremandosi.	*das varandas, estavam se extenuando.*
L'uomo che predicava sul Crescente	*O homem que pregava no Crescente*
mi chiese "Sai dov'è Dio?". Lo sapevo	*pediu "Sabes onde está Deus?". Sabia-o*
e glielo dissi. Scosse il capo. Sparve	*e lhe disse. Sacudiu a cabeça. Sumiu*
nel turbine che prese uomini e case	*no vórtex que tomou homens e casas*
e li sollevò in alto, sulla pece.	*e os levantou no alto, sobre o piche.*

No ensaio *"L'Ultimo Montale"*, Arshi Pipa investiga ao longo da obra montaliana, a relação do poeta com Deus, caracterizando-o como gnóstico, por encontrar muitos pontos de contato entre a sua peculiar forma de religião e o gnosticismo, cujos pressupostos, grosso modo, seriam: 1) o nosso mundo é uma falsificação, uma horrível cópia do mundo ideal eterno; 2) a existência no mundo é como um estado de aprisionamento, do qual o indivíduo espera libertar-se, ou seja, as leis da natureza são como correntes, que aprisionam o homem (coisa que Montale menciona em vários poemas); 3) o conhecimento se dá por "ocasiões", ou seja, por revelações súbitas, e 4) tal conhecimento é mediado por Seres Numinosos (ligados à divindade), que pertencem ao mundo ideal, apesar de, sendo corpóreos, estarem submetidos ao *corso delle stelle* [curso das estrelas] conforme *Marezzo (OS)*; este conhecimento revelado garante a salvação da pessoa, privilégio de poucos (os que possuem a cintila divina).

Para o Montale-gnóstico, decair, degradar-se, está na ordem das coisas de nosso mundo.

A situação existencial de quem vive neste mundo é inautêntica *La mia esistenza fisica risultò un doppione / un falso* [Minha existência física resultou um duplo, / um falso / (...)]. Veja-se o poema *Quando il mio nome (AV)*:

Quando il mio nome (Quando o meu nome)

Quando il mio nome apparve in quase tutti i giornali	Quando meu nome surgiu em quase todos os jornais
una gazzetta francese avanzò l'ipotese che non fossi mai esistito.	uma gazeta francesa avançou a hipótese que eu nunca tivesse existido.
Non mancarono rapide smentite.	Não faltaram rápidos desmentidos.
Ma la falsa notizia era la più vera.	Mas a falsa notícia era a mais verdadeira.

La mia esistenza física risultò un doppione,	*Minha existência física resultou um duplo,*
un falso come quella planetaria	*um falso como a existência planetária*
gode il discusso onore di questi anni.	*goza da discutida honra nestes anos.*
Sarebbero dunque falsari gli astronomi	*Seriam então falsários os astrônomos*
o piuttosto	*ou melhor*
falsettanti? La musica vocale	*meros falsetantes? A música vocal*
abbisogna di questo o di simili trucchi.	*precisa deste ou de truques semelhantes.*
Ma che dire del suono delle Sfere?	*E o que dizer do sonido das Esferas?*
E che del falso, del vero o del pot	*E o que do falso, do verdadeiro ou do*
pourri?	*pot-pourri?*
Non è compito nostro sbrogliare la matassa.	*Não é nossa tarefa destrinçar a meada.*
D'altronde anche filosofi e teologi	*Aliás mesmo filósofos e teólogos*
sono viventi in carne ed ossa. Ed ecco	*são seres em carne e osso. E eis*
il fabbisogno, il dovere di battere la	*a necessidade, o dever de fazer*
grancassa.	*publicidade.*

A verdadeira existência está fora do espaço e do tempo, num aldilà, dito oltrevita [além vida], oltremondo, oltrecielo, um estado a-histórico e acósmico, como em *Barche sulla Marna (OC)*, o poema que segue:

Barche sulla Marna (Barcos sobre a Marna)

Felicita del sùghero abbandonato	*Felicidade da cortiça abandonada*
alla corrente	*à correnteza*
che stempra attorno i ponti rovesciati	*que destempera junto às pontes capotadas*
e il plenilunio pallido nel sole:	*e o plenilúnio pálido no sol:*
barche sul fiume, agili nell'estate	*barcos no rio, ágeis no verão*
e un murmure stagnante di città.	*e um murmúrio estagnante de cidade.*
Segui coi remi il prato se il cacciatore	*Segues remando o prado se o caçador*

di farfalle vi giunge con la sua rete,	*ao chegar com sua rede de borboletas,*
l'alberaia sul muro dove il sangue	*os vinhedos no muro onde o sangue*
del drago si ripete nel cinabro.	*do dragão se repete no zinabre.*
Voci sul fiume, scoppi dalle rive,	*Vozes no rio, estalos nas beiradas,*
o rítmico scandire di piroghe	*a rítmica escanção de pirogas*
nel vespero che cola	*no véspero que coa*
tra le chiome dei noci, ma dov'è	*por entre as comas das nogueiras, mas*
la lenta processione di stagioni	*onde está a lenta procissão das estações*
che fu un'alba infinita e senza strade,	*alvorada infinita e sem estradas,*
dov'è la lunga attesa e qual è il nome	*onde está a longa espera e qual é o nome*
del vuoto che ci invade.	*do vazio que nos invade.*
Il sogno è questo: un vasto	*Este é o sonho: um vasto,*
interminato giorno che rifonde	*não terminado jogo que refunde*
tra gli argini, quasi immobili, il suo	*entre as margens, quase imóveis, seu*
bagliore	*clarão*
e ad ogni svolta il buon lavoro dell'uomo,	*e a cada volta, o bom labor do homem,*
il domani velato che non fa orrore.	*e o amanhã, velado, que não aterra.*
E altro ancora era il sogno, ma il suo	*Era outro ainda, o sonho, mas seu*
riflesso	*reflexo*
fermo sull'acqua in tuga, sotto il nido	*imóvel na água em fuga, sob o ninho*
del pendolino, aereo e inaccessibile,	*do pássaro, aéreo, inacessível,*
era silenzio altissimo nel grido	*era silêncio altíssimo no grito*
concorde del meriggio ed un mattino	*concorde do merídio e uma manhã*
più lungo era la sera, il gran fermento	*mais longa era noite, o grande fermento.*
era grande riposo.	*era grande repouso.*
Qui .... il colore	*Aqui .... a cor*
che resiste è del topo che ha saltato	*que aguenta é a do rato que saltou*
tra i giunchi o col suo spruzzo di	*entre os juncos ou com seu esguicho de*
metallo	*metálico*
velenoso, lo storno che sparisce	*veneno, o estorninho que some*

tra i fumi della riva.	entre os fumos da vertente.
Un altro giorno,	Um outro dia,
ripeti – o che ripeti? E dove porta	repetes – ou que repetes? E aonde leva
questa bocca che brùlica in un getto	esta boca que referve num único
solo?	jato?
La sera è questa. Ora possiamo	Assim é a tarde. Pode-se agora
scendere fino a che s'accenda l'Orsa.	descer, até que a Ursa se acenda.
(Barche sulla Marna, domenicali,	*(Barcos na Marna, aos domingos,*
in corsa	*correndo,*
nel dì della tua festa).	*no dia de tua festa).*

A divindade, para Montale, resulta do processo de criação poética: a própria criação poética poderia ser considerada a divindade para ele. A partir de La Bufera ele sente sua criação confinada a um âmbito pessoal, reduzida a um sonho conforme se verá no poema seguinte: (...) / *L'attesa è lunga / il mio sogno di te non è finito* [(...) / A espera é longa / o meu sonho de ti não se acabou], *Il sogno del prigioniero (B)* possivelmente devido ao contexto histórico e político do qual se ressentiu por implicar a destruição da liberdade individual e o triunfo da alienação da sociedade de massa. Entretanto a configuração que aproxima Deus, a Mulher, o Tu e o Eu-transcendental, igualando o Eu a Deus, permeia toda sua obra.

Il sogno del prigioniero (O sonho do prisioneiro)

Albe e notti qui variano per pochi	*Alvoradas e noites aqui variam em poucos*
segni.	*signos.*
Il zigzag degli storni sui battifredi	*O zigue zague dos tordos na atalaia*

nei giorni di battaglia, mie sole ali,
un filo d'aria polare,
l'occhio del capoguardia dallo spioncino,
crac di noci schiacciate, un oleoso
sfrigolìo dalle cave, girarrosti
veri o supposti – ma la paglia è oro,
la lanterna vinosa è focolare
se dormendo mi credo ai tuoi piedi.

La purga dura da sempre, senza un perché.
Dicono che chi abiura e sottoscrive
può savarsi da questo sterminio d'oche;
che chi obiurga se stesso, ma tradisce
e vende carne d'altri, afferra il mestolo
anzi che terminare nel pâté
destinato agl'Iddii pestilenziali.

Tardo di mente, piagato
dal pungente giaciglio mi sono fuso
col volo della tarma che la mia suola
sfarina sull'impiantito,
coi kimoni cangianti delle luci
sciorinate all'aurora dai torrioni,
ho annusato nel vento il bruciaticcio
dei buccellati daí forni,
mi son guardato attorno, ho suscitato
iridi su orizzonti di ragnateli
e petali sui tralicci delle inferriate,
mi sono alzato, sono ricaduto
nel fondo dove il secolo è il minuto –
e i colpi si ripetono ed i passi,
e ancora ignoro se sarò al festino
farcitore o farcito. L'attesa è lunga,
il mio sogno di te non è finito.

nos dias de batalha, minhas únicas asas,
um sopro de ar polar,
o olho do vigilante no visor,
crac de nozes esmagadas, um oleoso
crepitar das minas, espetos
reais ou supostos – mas a palha é ouro,
a lanterna vinosa é chaminé
se dormindo me creio a teus pés.

A purga dura de há muito, sem porquê.
Dizem que quem abjura e subescreve
pode salvar-se desse morticínio de gansos;
que quem objurga a si mesmo, mas delata
e vende carne alheia, agarra a colher
antes que termine no patê
votado aos Deuses pestilentos.

Lento de mente, cheio de chagas
pelo catre pungente fundi-me
com o voo da traça que minha sola
esfarela no assoalho,
com kimonos cambiantes das lanternas
exibidas à aurora pelas torres,
farejei no vento o chamuscado
das roscas nos fogões,
olhei à minha volta, suscitei
arco-íris no horizonte de aranheiras
e pétalas nas treliças das grades,
levantei-me, cai de novo
no fundo onde o século é minuto –
e os golpes se repetem e os passos,
e ainda ignoro se serei na festa
caçador ou caça . A espera é longa
o meu sonho de ti não se acabou.

Notas:

1- O ciclo Mediterrâneo compõe-se de nove poemas que passarão a ser numerados para facilitar sua identificação durante o texto.

2- Cfr. P. Cataldi, Montale, Palumbo, Palermo 1991, p. 20 e sgg.

3- O correlativo objetivo foi formulado por T.S.Eliot em 1919 deste modo: "a única maneira de exprimir uma emoção em forma de arte é encontrar um correlativo objetivo - um conjunto de objetos, uma situação, uma cadeia de eventos que serão a fórmula dessa emoção particular, de maneira que, quando são dados os fatos externos, que devem redundar numa experiência sensível, aquela emoção é imediatamente evocada" In: Hamlet and His Problems, The Sacred Wood, p.100.

4- G. Nascimbene, Montale biografia di um poeta, Milano, Longanesh, 1986.

5- "*La Farfalla di Dinard*" (F.D.) trata-se de uma verdadeira biografia de Montale, uma antologia em que vemos os percursos dos velhos e novos motivos poéticos se cruzarem e a revisitação desencantada de episódios do passado, especialmente da infância.

6- Convento Barocco (1938) OC.: o que será barroco para Montale? Ele que afirma que o artista não pode prescindir de ser bizarro, obscuro e barroco. Em literatura barroco diz respeito ao uso de metáforas inusitadas; em arquitetura, da busca do monumental. Barroco tem, também, conotação de bizarro extravagante e de mau gosto. Barroco seria, ainda, uma manifestação que surge quando se esgota uma determinada tendência na arte; tem o sentido de uma arte com virtuosismos, virtuosidades e superficialidades e pobre de conteúdo espiritual.

7- Personagem de "*I Promessi Sposi*", de Alessandro Manzoni.

8- Cantora lírica, de origem espanhola, famosa na época.

9- Casadei, A. "La rappresentazione del tempo in Montale. Per una letteratura tematica di *Flussi*". Pisa, Studi

Novecenteschi XI n°28, Dicembre 1984.

10- Calvino, I. Letture Montaliane. Genova, Bozzi Editore, 1977, p.35.

11- op.cit., p. 43.

12- Graziozi, E. Il tempo in Montale. Bologna, La Nuova Italia, 1978.

13- Isella, Dante. *Le Occasioni di Eugenio Montale*.Torino, Enaudi, 1996, p.177.

14- Blasucci, L. "Percorso di un tema montaliano: il tempo. Cap.IV In: *Gli oggetti di Montale*. Bologna,

Il Mulino Ed./ Saggi, 2002, pp105-109.

15-"*È un rilievo di Linati*". *'Il poeta non ci parla mai d'amore', (II Convegno, 30 giugno – 30 luglio, 1925, p.359)*.

Essa citação foi tirada de uma carta de Montale a Linati, 26/Set/1925.

16- Beverini, A. e Torricelli, C. *Asserragliati fra le Rupi e il Mare*. Ágora, 1998. p.82.

17- Bonora, E. "Poesie d'amore di Montale" in *Atti del Convegno Internazionale*. Genova, 25/28 Nov., 1982. e publicado em *La Poesia di Eugenio Montale* a cura di Compailla, S e Goffis CS, Firenze, Felice Le Monnier, 1984.

18- Arletta, nome fictício de Anna degli Uberti, 1904-1959, filha de um almirante romano, ao passar algumas férias em Monterosso tornou-se muito amiga do poeta. Este foi visitá-la em Roma em 1922. Em 1924 deixou de ir a Monterosso e foi então que nos poemas de Ossi ela apareceu como morta. Arletta percorre todo o cancioneiro, como um fantasma, uma ausente. Ela é a destinatária de "*Il canneto rispunta*", "*Vento e Bandiere*", "*Delta*", "*I morti*", "*Incontro*", "*Casa dei Doganieri*" e dos três primeiros poemas dos Mottetti.

19- Paola Nicoli, de origem peruana, nascida em Genova (*Crisalide, Marezzo e Casa sul Mare, Sotto Pioggia*).

20- Clizia (Irma Brandeis) jovem italianista que Montale conheceu ao ser visitado por ela no Gabinetto Vieusseux, em 1933, segundo Dante Isella. Em OC Clizia foi "*O Anjo da Visitação*", a deusa da nuvem. É grande o número de poemas destinados a ela, sendo os mais famosos "*Elegia de Pico Fornese*" e "*Notizie dell'Amiata*" Montale dedicou *OC*. e B. Retirado de: Nascimbene, Giulio. "*Montale, Biografia di un poeta*". Milano, Longanesi, 1986.

21- Cambom, G. *La forma dinamica de "L'orto" di Montale, in: AAVV. Omaggio a Montale, a cura di Silvio Ramat Milano*, Mondadori, 1996, p.179

22- T*he Chamber of the Maiden Thought*. Routledge London and New York, 1991, Cap. III.

23- Montale, E. "*Sulla Poesia*". Milano, Mondadori, 1976, p.94.

24- Keats, J. *apud* Williams e Waddell in: *The Chamber of the Maiden Thought*. op.cit, Cap.VI.

25- Keats, J. *apud* Williams e Waddell in: *The Chamber of the Maiden Thought*. op.cit. Cap. VI. "Keats fala de um segundo aposento; o aposento virginal. "Um dos efeitos tremendos por ter respirado aquele ar, no segundo aposento, é que nosso olhar se tornou tão apurado, que agora vê dentro do coração e da natureza do homem, e nos convence de que o mundo é cheio de miséria e desgosto, de dor, de doença e de angústia. Então, pouco a pouco, este aposento do pensamento se escurece e (...) há portas escuras, levando a vestíbulos escuros. Estamos na névoa. Sentimos o peso do mistério".

26- Renzi, L. *Come leggere la poesia.* Bologna, Il Mulino, 1991, pp.99-109.

27- Pipa, A. "L'ultimo Montale" In: *La Poesia di Montale*, Firenze, Felice le Monnier, 1984.

Índice alfabético dos poemas de Montale

Traduzidos por Marisa Pelella Mélega

1) *Addii, fischi nel buio (OC). Adeus, silvos no escuro, 156*
2) *A mia madre (B). A minha mãe, 155*
3) *Antico sono ubriacato dalla voce(OS). Antigo, estou embriagado pela voz, 132*
4) *Arsenio(OS). Arsenio, 141*
5) *Avrei voluto sentirmi scabro ed essenziale (OS). Queria ter-me sentido áspero e essencial, 131*
6) *Bagni di Lucca (OC). Banho de Lucca, 193*
7) *Barche sulla Marna (OC). Barcos na marna, 239*
8) *Brina sui vetri(OC). Geada nos vidros, 218*
9) *Casa sul mare (OS). Casa na praia, 172*
10) *Ciò che di me sapeste (OS). O que de mim soubestes, 117*
11) *Corno Inglese (OS). Corno Inglês, 124*
12) *Costa San Giorgio (OC). Costa San Giorgio, 195*
13) *Crisalide (OS). Crisálida, 181*
14) *Dora Markus (OC). Dora Markus, 211*
15) *Due nel crepuscolo (B). Dois no crepúsculo, 85*
16) *Eastbourne (OC). Eastbourne, 191*
17) *Ecco il segno: s'innerva (OC). Eis o sinal: se inerva, 189*
18) *Egloga (OS). Écloga, 205*
19) *Falsetto (OS). Falsete, 125*
20) *Fine dell'infanzia(OS). Fim da infância, 159*
21) *Flussi (OS). Fluxos, 137*
22) *Forse un mattino andando (OS). Quem sabe uma manhã andando, 175*

23) *Giunge a volte, repente(OS). Chega às vezes de repente, 133*
24) *Gli orecchini(B). Os Brincos, 177*
25) *I Limoni (OS). Os limões, 120*
26) *Il balcone (OC). O balcão, 66*
27) *Il big bang dovette produrre(AV). O big- bang teve que produzir, 196*
28) *Il ramarro, se scocca (OC). O lagarto, se espouca, 193*
29) *Il sogno del prigioniero(B). O sonho do prisioneiro, 241*
30) *Il Tu (S). O tu, 236*
31) *Incontro (OS). Encontro, 213*
32) *In Limine (OS). In Limine, 116*
33) *La casa dei Doganieri (OC). A casa dos Aduaneiros, 188*
34) *La speranza di pure rivederti(OC). A esperança de ainda rever-te, 103*
35) *La storia non si snoda (S). A história não se desata, 197*
36) *L'agave su lo scoglio - Maestrale (OS). A ágave no escolho - Mistral, 171*
37) *L'agave su lo scoglio - Scirocco (OS). A ágave no escolho - Sciroco, 136*
38) *L'agave su lo scoglio - Tramontana (OS). A ágave no escolho - Tromantana, 170*
39) *L´orto (B). A horta, 222*
40) *Lo sai: debbo riperderti e non posso(OC). Sabes: de novo vou perder- te, sem poder, 218*
41) *Meriggiare pallido e assorto (OS). Sestear pálido e absorto, 119*
42) *Mia vita a te non chiedo (OS). Vida minha, a ti não peço, 185*
43) *Noi non sappiamo quale sortiremo(OS). Nós não sabemos qual manhã sortearemos, 186*
44) *Non chiederci la parola che squadri da ogni lato (OS). Não nos peça a palavra que enquadre de todo lado, 129*
45) *Non recidere, forbice, quel volto (OC). Não corte, tesoura, aquele vulto, 83*
46) *Non rifugiarti nell'ombra (OS). Não te abrigues na sombra, 130*
47) *Ode to Psyche. Ode a Psique, 59*
48) *Perche tardi (OC). Por que tardas, 220*

49) *Portami il girasole ch'io lo trapianti (OS). Traga-me o girassol para que eu o transplante,* 123

50) *Potessi almeno costringere (OS). Pudesse ao menos encerrar,* 134

51) *Punta del Mesco (OC). Ponta do mesco,* 215

52) *Quando il mio nome (AV). Quando o meu nome,* 238

53) *Quasi una Fantasia (OS). Quase uma fantasia,* 127

54) *Quel che resta (OS). O que se resta,* 225

55) *Riviere (OS). Marinas,* 138

56) *Sotto la pioggia (OC). Sob a chuva,* 219

57) *Tempo e Tempi (S). Tempo e Tempos,* 198

58) *Tempo e Tempi II (AV). Tempo e Tempos II,* 199

59) *Tentava la vostra mano la tastiera (OS). Tentava a vossa mão o teclado,* 217

60) *The Rime of the Ancient Mariner (Coleridge). A Balada do Velho Marinheiro,* 46

61) *The Tiger(Blake). O Tigre,* 40

62) *Upupa, ilare uccello (OS). Poupa, pássaro hilar,* 203

63) *Vasca (OS). Espelho D'agua,* 177

64) *Vento e Bandiere (OS). Vento e Bandeiras,* 180

65) *Vento sulla mezzaluna (B). Vento na meia-lua,* 237

66) *Verso Vienna (OC). Rumo a Viena,* 151

67) *Voce giunta con le folaghe (B). Voz que chega com as Folagas,* 152

68) *Westminster Bridge (Wordsworth). Ponte Westminster,* 44

69) *Xenia II (S). Xenia II,* 226

Abreviações usadas:

As obras de Montale são citadas como segue:

OS – Ossi di Seppia

OC – Le Occasioni

B – La Bufera e altro

S – Satura

AV – Altri Versi

FD – Farfalla di Dinard

QG – Quaderno Genovese

AF – Auto da Fé

Glossário de termos psicanalíticos (GL)

Conflito Estético: (Meltzer 1988) conflito entre o que pode ser percebido e o que só pode ser construído pela imaginação.

Édipo, complexo de: conjunto organizado de desejos amorosos e hostis que a criança sente em relação aos pais. Para Freud, o apogeu do complexo de Édipo é vivido entre os três e os cinco anos (Laplanche e Pontalis, Vocabulário de Psicanálise, São Paulo, Martins Fontes, 1997).

Édipo pré-genital: descrito por Melanie Klein, diz respeito aos componentes orais e anais do complexo de Édipo, descrito por Freud, ocorrendo no bebê até à idade de cerca de 3 anos.

Ego ou Eu: é a instância que Freud distingue do Id e Super-Ego e que se situa como mediadora entre as reivindicações do Id e os imperativos do Super-Ego.

Elaboração Secundária: remodelação do sonho destinada a apresentá-lo sob forma de uma história relativamente coerente e compreensível (Laplanche e Pontalis, Vocabulário de Psicanálise, São Paulo, Martins Fontes, 1997).

Elementos Alfa: são considerados as primeiras unidades simbólicas a serviço da formação de pensamentos.

Estado de Mente Poético: é o nome que nos propomos para uma determinada configuração mental em que há uma criação de formas simbólicas vindas de experiências emocionais do poeta, formas que sofrem transformações até chegar às palavras que se constituem em poema.

Estado de Mente Onírico: é o nome que propomos para uma determinada configuração mental durante a qual o indivíduo está elaborando uma vivência emocional, que está sendo transformada em formas simbólicas. Tais formas são representações principalmente visuais, além de auditivas, táteis e sinestésicas, que vão possibilitar o reconhecimento consciente/pré-consciente da experiência emocional acontecida.

Fantasia Consciente: devaneio ou imaginação são praticamente sinônimos em Psicanálise.

Fantasia Inconsciente: é a representação mental do instinto, segundo Klein. Laplanche e Pontalis se referem a fantasias originárias, "primal phantasies", que são estruturas típicas que, segundo a psicanálise, organizam a vida de fantasia, sejam quais forem as experiências pessoais dos sujeitos; segundo Freud, é um patrimônio transmitido filogenéticamente.

Função Alfa: trata-se de uma função mental suposta por Bion (1962) que converte dados sensoriais e emocionais em elementos alfa disponíveis para os pensamentos oníricos.

Identificação Projetiva: foi definida por Klein, em 1946, como o protótipo do relacionamento objetal agressivo, representando um ataque a um objeto por forçar partes do ego neste, a fim de apoderar-se de seus conteúdos ou controlá-lo, ocorrendo na posição esquizoparanóide, a partir do nascimento. Trata-se de uma "fantasia distanciada da consciência", que traz consigo a crença de que certos aspectos do self acham-se situados alhures, com consequente esvaziamento e senso enfraquecido do self e da identidade, chegando à despersonalização. Sentimentos profundos de estar perdido ou um senso de aprisionamento podem dela resultar.

Mente Simbólica: Bion a descreve como a protomente, a mente das realizações automáticas, não simbólicas, diferente da mente simbólica, a mente que cresce com os significados, os símbolos e os pensamentos.

Objeto: noção considerada em psicanálise sob três aspectos principais: a) como correlativo da pulsão, ele é a sua meta (pessoa, objeto parcial, objeto real ou fantasiado); b) como correlativo do amor ou ódio, trata-se da relação com a pessoa real; c) no sentido tradicional da filosofia e da psicologia do conhecimento, como correlativo do sujeito que percebe e conhece, é o que se oferece com características fixas e permanentes, reconhecíveis pela universalidade dos sujeitos, independentemente de seus desejos e opiniões.

Objeto Estético: (assim denominado por D.Meltzer em *The Apprehension of Beauty*,1988) é definido a partir da beleza da visão de uma jovem mãe com seu bebê ao peito. Após descobrir a beleza da natureza e das obras de arte, parece natural que a mente descubra a beleza do funcionamento da mente atuando nas experiências emocionais de nossas vidas para dar-lhes uma representação, através de símbolos.

Objeto Interno: conceito de Melanie Klein que se diferencia do de representação, descrita pelos freudianos. O objeto interno refere-se a uma experiência de um objeto real, fisicamente presente no Ego, sentido como fisicamente situado no corpo, e usualmente identificado como uma parte deste. Ex: um "nó na garganta": experiência de certo mal estar sentida psiquicamente, e fisicamente situada na própria garganta, que como que se fecha (daí o nó). As representações e imagens são conteúdos mentais a que falta esse senso de concretude física, exatamente como um símbolo é reconhecido como sendo um objeto que representa algo e não é confundido com a coisa que representa.

Objetos Primários: primeiramente a criança vivencia os órgãos do corpo dos pais, depois seus próprios órgãos e seu funcionamento.

Posição Esquizoparanóide: (M.Klein, 1946) configuração inicial em que se desenvolvem mecanismos de defesa contra ansiedades persecutórias, principalmente de cisão do ego e dos objetos, idealização, negação. Todos os mecanismos de defesa são expressão de fantasias onipotentes.

Posição Depressiva: (M.Klein, 1946) é um funcionamento da mente em que há percepção do objeto como um todo (objeto total), separado do self e ao qual estão dirigidos impulsos de amor e ódio. Surgem, consequentemente, sentimentos de culpa e medo de perda. É neste funcionamento que surge o impulso à reparação do objeto atacado (em fantasia) e se põe em marcha a formação de símbolos propriamente dita.

Processo Onírico: na tendência da Psicanálise atual, que estamos considerando, descreve um processo no qual se pensa sobre as experiências emocionais. Considera-se o sonho (noturno e diurno) como um pensamento inconsciente que busca a solução de problemas e conflitos emocionais. Trata-se de uma nova teoria dos sonhos que se apoia firmemente na utilização clínica que Freud fez, mas que ao mesmo tempo deriva de um modelo de mente estrutural-fenomenológico e não no topográfico-neurofisiológico de Freud. Esta nova teoria 1) resolve o problema epistemológico da evidência da vida onírica e do processo onírico em curso; 2) considera os sonhos como uma forma de pensamento inconsciente equivalente às ações e o brincar das crianças pequenas; 3) propõe uma teoria da atividade simbólica que situa os sonhos no núcleo do processo de pensar acerca do significado de nossas experiências emocionais (MELTZER, D. - *Vida Onírica*, Madrid, Tecnopublicaciones, 1984, pp.55 e 95).

Processo Primário: Do ponto de vista econômico, no caso do processo primário, a energia psíquica escoa-se livremente, passando, sem barreiras, de uma representação para outra, segundo os mecanismos de deslocamento e condensação, e tende a reinvestir as representações ligadas às vivências de satisfação constitutivas do desejo (alucinação primitiva).

Processo Secundário: Do ponto de vista econômico, no caso do processo secundário, a energia está "ligada" antes de se escoar; as representações são investidas de maneira mais estável, a satisfação é adiada, permitindo, assim experiências mentais que põem à prova os diferentes caminhos possíveis de satisfação. O processo primário está para o princípio do prazer assim como o processo secundário está para o princípio de realidade

(Vocabulário de Psicanálise - São Paulo, Martins Fontes, 1997).

Realidade Psíquica (ou realidade interna): é a convicção quanto à realidade do mundo psíquico, que existe inconscientemente e que é sentido como situado dentro da pessoa.

Reparação: (M. Klein, 1940) é o elemento mais forte dos impulsos construtivos e criativos, surge da preocupação real com o objeto de amor: o que se pretende é consertar o mundo interno (realidade interna) mediante a reparação do mundo externo. É também um mecanismo de defesa contra as ansiedades da posição depressiva.

Seio Mau: Não há ausência: para o bebê tudo é presença, inclusive o "não-seio", porque, nesta fase inicial, o objeto é sensação corporal: dor de fome = presença de seio mau, por não haver o seio bom que alimenta. "Seio" é a experiência emocional do bebê em contato com a mãe que alimenta

Super-Ego: instância descrita por Freud que se assemelha a um juiz ou a um censor do Ego. Suas funções são de consciência moral e formação de **ideais. Id:** é o reservatório inicial da energia psíquica. Seus conteúdos, expressão psíquica das pulsões, são inconscientes, hereditários e inatos ou recalcados e adquiridos.

Vida Onírica: é uma atividade pensante que busca dar sentido ao que vivemos. É o lugar onde nos recolhemos para dar toda atenção ao mundo interno, às nossas relações íntimas e é onde as experiências emocionais recebem um tipo de compreensão e os significados alcançados são representados nos sonhos noturnos, nas verbalizações, na música, na pintura, na poesia etc.

Vinculo K: Segundo "Uma Teoria do Pensar" (1962) de Bion são as emoções que criam vínculos de amor (L), ódio (H) e conhecimento (K). Segundo a Teoria do Pensar a experiência emocional é transformada em pensamento onírico toda vez que acontecer um vínculo de conhecimento (Vinculo K).

Bibliografia

Obras Literárias de Eugenio Montale

MONTALE, E. *Tutte Le Poesie*. Milano, Mondadori, 1990.
_____. *Prose e Racconti*. Milano, Mondadori, 1990.
_____. *La Farfalla di Dinard* (1956) in: Prose e Racconti. Milano, Mondadori, 1995, p.7-226.
_____. *Auto da Fé*. Milano: Mondadori, 1995.
_____. *Le Occasioni a cura di Dante Isella*. Torino: Einaudi, 1996.

Obras sobre Eugenio Montale

BALDISSONE, G. *Il Male di Scrivere: L´inconscio e Montale*. Torino, Einaiudi, 1979
　　　Le Muse di Montale. Novara, Interlinea Edizion, 1996
　　　Il Nome Delle Donne. Modelli Letterari e metamorfosi Storiche Tra Lucrezia, Beatrice e le Muse di Montale. Milano, Franco Angeli, 2005.

BARBUTO, A. *Le parole di Montale: glossario del lessico poetico*. Roma, Bulzoni Editore, 1973.

BARILE, L. et alii. *Letterature montaliane in occasioni dell'80° compleanno del poeta Genova, Bozzi Editore*.

BEVERINI, A & TORRICELLI, C. *Asserragliati fra le rupi e il mare. La Spezia, Agora Edizioni, 1998.*

BLASUCCI, L. *Gli oggetti di Montale*. Bologna, Il Mulino Editore/Saggi, 2002.

BONORA, E. *Poesie d'amore di Montale" in Atti del Convegno Internazionale*.
Genova, 25/28 Nov., 1982. e publicado em *La Poesia di Eugenio Montale* a cura di Compailla, S e Goffis CS, Firenze, Felice Le Monnier, 1984.

CAMBOM, G. *La forma dinamica de "L'orto" di Montale, in: AAVV. Omaggio a Montale, a cura di Silvio Ramat* Milano, Mondadori, 1996, p.179.

CALVINO, I. *Letture Montaliane*. Genova, Bozzi Editore, 1977, p.35.

AMPALLA, S. & GOFFIS, C. F. *La poesia di Eugenio Montale*.

CASADEI, A. "La rappresentazione del tempo in Montale. Per una Letteratura tematica di *Flussi*". Pisa, Studi Novecenteschi XI n°28, Dicembre 1984
Firenze, Felice Le Monnier, 1984.

CATALDI, P. Montale - *La scrittura e l'interpretazione*. Palermo, Palumbo & C Editore, 1991.

CONTORBIA, F. *Immagini di una vita*. Milano, Mondadori, 1996.

CONTORBIA, F. & SURDICH, L. *La Liguria di Montale*. Savona, Marco Sabatelli Editore, 1996.

ELIA, M.A. *Montale e il mare*. Bari, Mario Adda Editore, 1997.

GIACHERY, E. *Metamorfosi dell'orto e altri scritti montaliani*. Roma, Bonacci Editore, 1985.

GRAZIOSI, E. *Il tempo in Montale(storia di un tema)*. Bologna, La Nuova Italia, 1978.

GRECO, L. *Montale Commenta Montale*, Parma: Pratiche Editrice, 1980.

ISELLA, D. *Le Occasioni di Eugenio Montale*. Torino, Enaudi, 1996.

LINATI, C.in *La Poesia di Montale* (Atti del Convegno Internazionale, Genova, Novembre, 1982) Firenze, Felice Le Monnier, 1984.

MARTELLI, M. *Eugenio Montale*. Firenze, Le Monnier, 1992.

NASCIMBENE, G. *Montale - biografia di un poeta*, Milano: Longanesi, 1986.
_____. Testimonianza per Eugenio Montale. Firenze Antologia.

PIPA, "L'ultimo Montale" In: *La Poesia di Montale*, Firenze, Felice le Monnier, 1984.

RENZI, L. *Come leggere la poesia*. Bologna, Il Mulino, 1991, pp.99-109, Vieusseux, 1996.

ROMBI, M. *Montale: parole, sensi e immagini*. Roma, Bulzoni Editore /Biblioteca di Cultura 120, 1978.

ZAMPA, G. *Tutte le poesie*. Milão, Mondadori, 1976.
Asserragliati fra le rupi e il mare. A cura di Adriana Beverini e Carlo Torricelli, La Spezia, Agora Edizioni, 1998.
Letture Montaliane. A cura del Comune e Provincia di Genova. Bozzi Edit, 1977.

Obras Gerais (Teoria Literária e Psicanálise)

CHESSEGNEUT SMIRGEL, Janine. Pour une Psicanalyse de la Creativité e Del´Art.
   Raffaello Rimini, Cortina, 1989.

BERGLER, E. - The Writer and Psychoanalysis, New York, 1950.

BION, W. *A Theory of Thinking* in: Second Thoughts. London, William Heinemann, Medical Books, 1967.

BION, W. *Aprendiendo de la Experiência*. Buenos Aires, Paidos, 1975.

CHASSEGUET SMIRGEL, J. *Per una Psicoanalisi della Creatività e dell'arte*, Milano, Raffaello Cortina, Ed., 1989.

FREUD, S. *Obras completas*. Madrid, Nueva Madrid, Editorial Biblioteca, 1967, Vol I, pp. 1100-1102.

GIOANOLA, E. *La Critica Psicoanalitica - Studi di Filologia e Letteratura Offerti a Franco Croce*, Genova, Bulzoni Ed. S/d.

ISAACS, S. "Naturaleza y Función de la Fantasia" In: *Desarrollos de Psicoanalisis*.

JOYCE, J. *Ulysses*, London, The Bodley Head, 1960. Buenos Aires,

Ed. Paidos, 1971.

KEATS, J. *Lettere sulla Poesia*. Universale Economica Feltrinelli (versão italiana/Nadia Fusini, 1992).

KEATS, John. *Selected Poetry*, Oxford University Press, 1994. p. 178.

KLEIN, M. *Contribuição à Psicanálise*. São Paulo, Mestre Jou, 1970.
_____. *Invidia e Gratitudine*. Firenze, Martinelli, 1969.

KRIS, E. *Freud e la Psicologia dell'arte*. Torino, Einaudi, 1967.
_____. *Ricerche Psicanalitiche sull'arte*. Torino, Einaudi, 1967.
Lacan, J. *La cosa freudiana*. Torino, Einaudi, 1973.

LANGER, S. *Filosofia em Nova Chave*. São Paulo: Perspectiva, 1989.

LAVAGETTO, M. *Freud - la Letteratura ed altro*. Torino, Einaudi, 1985.

LE GUERN, M. *Sémantique de la Métaphore et de la Métonimie* Paris, Larousse, 1973.

MAURON, C. *Dalle Metafore Ossessive al Mito Personale*. Milano, Il Saggiatore, 1966.

MELTZER, D. *Vida Onírica*. Madrid, Tecnopublicaciones, 1984.
_____.*Dream-life*.U.K,Clunie Press for the Roland Harris Trust Library, 1984,°12.
_____. *La Aprehensión de la Belleza*. Buenos Aires, Patia Edit., 1990.
_____." Além da consciência". In *Revista Brasileira de Psicanálise*, São Paulo, vol. XXVI, n. 3, p. 404.
MILNER, M. "El Papel de la Ilusión en la Formación de Símbolos In:

Nuevas Direcciones en Psicoanalisis. Buenos Aires, Ed. Paidos, 1972.

POMORSKA, K. *Formalismo e Futurismo.* São Paulo, Ed. Perspectiva, 1972.

RENZI, L. *Come Leggere la Poesia.* Bologna, Il Mulino, 1991.

RICOEUR, P. *Le conflit des interprétations.* Paris, Éditons Du Seuil, 1969 (Ed. Italiana *Il conflitto delle interpretazioni*, Milano, Jaca Book, 1972).

SEGAL, H. *A obra de Hanna Segal.* Rio de Janeiro, Ed. Imago, 1983.
_____.1991. Sonho Fantasia e Arte. Imago Editora Ltda. 1993.

SHARPE, E. F. *Análise dos Sonhos.* Rio de Janeiro, Imago Editora Ltda, 1971.

WILLIAMS, M.H. e WADDELL, M. - *La Stanza del Pensiero Verginale.* Roma, Di Renzo Edit., 1996. (*The Chamber of the Maiden Thought.* Routledge London and New York, 1991).

WINNICOTT, D. - *O Brincar e a Realidade.* Rio de Janeiro, Ed. Imago, 1971.

WITTGENSTEIN, L. - *Tractatus Logico-Philosophicus.* São Paulo, Biblioteca Universitária, 1958.
Wollheim, R "The mind and the mind´s image of itself". International Journal of Psycho-Analysis. London e New York, 1969

Obras de Consulta – Dicionários

Dizionari Garzanti – Italiano. Italia, Garzanti Editore, 1994/1999.

Dizionario Italiano Portoghese. Giuseppe Mea Zanichelli. Porto, Porto Editora, 1998.

Dizionario dei Sinonimi e dei Contrari. C.Asciuti, S.Busco, D.Gallo. La Spezia, Fratelli Melita Editori, 1993.

Novo Aurelio Século XXI. – Aurelio Buarque de Holanda Ferreira. Rio, de Janeiro, Ed. Nova Fronteira, 1999.

Dicionário de Sinônimos e Antônimos da Língua Portuguesa. Porto Alegre, Ed.Livraria do Globo, 1945.

Dizionario della Lingua Italiana. G.Devoto e G.C.Oli, Firenze, Le Monier, 1971, Vocabulário da Psicanálise. Laplanche e Pontalis, São Paulo, Martins Fontes, 1997.

Dicionário do Pensamento Kleiniano. R.D.Hinshelwood. Porto Alegre, Artes Médicas, 1992.

Marisa Pelella Mélega

Esta obra foi composta em FreeSerif e impressa
na Lis Gráfica para a Editora Pasavento em dezembro de 2014